O imperio do caos se estabelece
E,por decisão,mais complica a desordem
Em que reina:a seu lado,arbitro supremo,
O Acaso governa tudo.

- Milton

Eyes I dare not meet in dreams
In death's dream kingdom,
T.S. Eliot

I'm coming with the dust
and I'm gone with the
wind.

O Destino quer - como sempre quis - que na minha vida todo o exterior seja acidental e que só o interior represente algo de substancial e determinante.

C.G. Jung

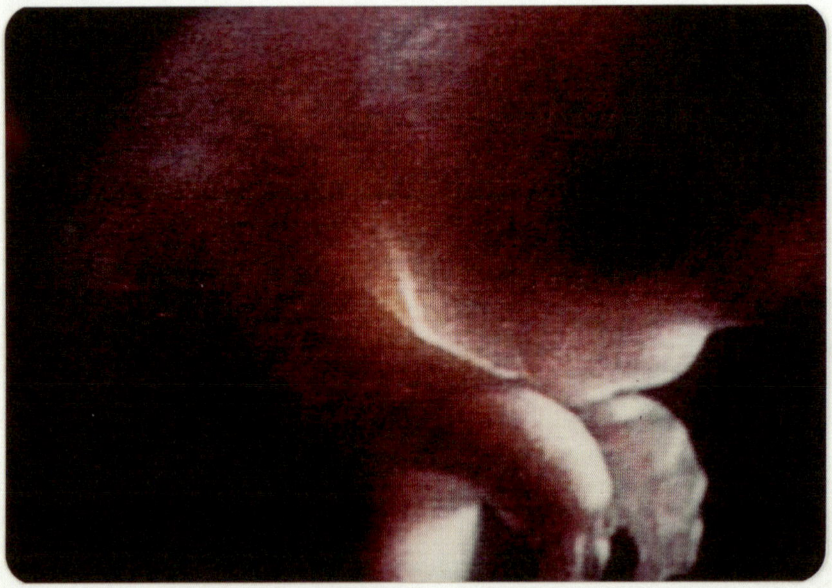

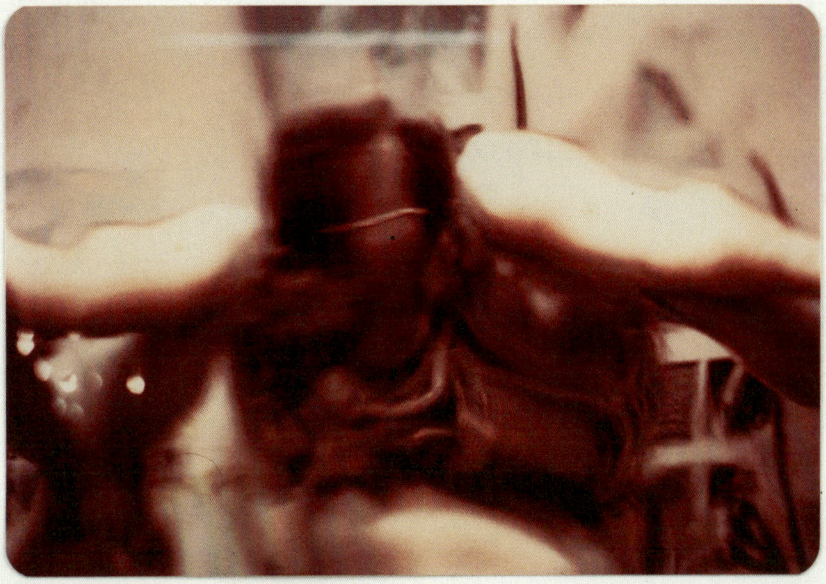

Sudden in a shaft of sunlight
Even while the dust moves
There rises the hidden laughter
Of children in the foliage
Quick,now,here,now,always -
Ridiculous the waste sad time
Stretching before and after.

T.S. Eliot

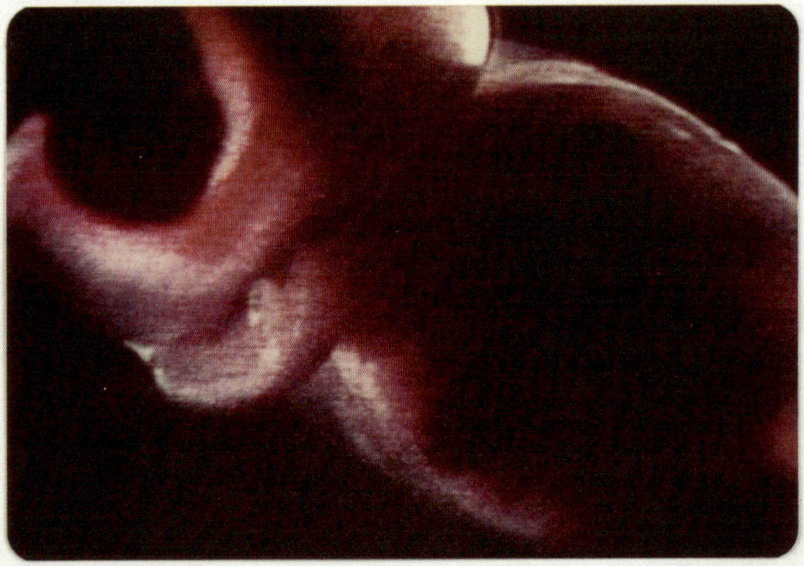

Vivemos todos longincuos e anonimos;disfarçados,sofremos desconhecidos A uns ,porém, esta distancia entre um ser e elle mesmo nunca se revela; para outros é de vez em quando iluminada, de horror ou de magua, por um relampago sem limites; mas para outros ainda é essa a dolorosa constancia da vida...

- Fernando Pessoa - L.doD.

Time present and time past
are both perhaps in time future
and time future contained in time past.

T.S. Elliot

In the juvescence of the year
Came Christ the tiger.
T.S. Eliot

Our claim to own our bodies and our world
Is our catastrophe ...

W.H.Auden

PROJETO DO LIVRO *ESPÍRITOS SEM NOME*, 1985 [PP. 1-11].
ACERVO INSTITUTO MARIO CRAVO NETO

## ESPÍRITOS SEM NOME

Manter a palavra "espíritos" no plural foi uma decisão curatorial. Na primeira página da boneca do livro inacabado e na manchete da matéria da revista *Fotoptica*, está escrita no plural. Em entrevista e em uma anotação do artista, ficou no singular. Justificava-se qualquer uma das opções. Tratando-se de um artista cuja presença do Candomblé na vida e obra era relevante e que possuía uma poética tão plural, parecia mais coerente deixarmos "Espíritos".

Some speak of a return to nature,
I wonder where they could have been.

\- Frederick Sommer

# MARIO CRAVO NETO
# ESPÍRITOS SEM NOME

CURADORIA
LUIZ CAMILLO OSORIO

IMS InstitutoMoreiraSalles

InstitutoMoreiraSalles

INSTITUTO
MARIO CRAVO NETO

Das artes plásticas à fotografia, Mario Cravo Neto (1947--2009) percorre uma trajetória marcada pelo sentido escultórico do corpo em suas múltiplas fragmentações, dos objetos em sua materialidade e simbolismos vários, dos personagens de sua cidade e seus espaços e entornos de espiritualidade e subjetividade. São construções conscientes realizadas no estúdio e no ambiente urbano, que revelam plenamente toda sua potência, desde a primeira série de imagens nos anos 1960 sobre as esculturas dos profetas de Aleijadinho, passando pelas investigações e experimentações com imagens em Nova York, até o conjunto de imagens icônicas e universais da série *The Eternal Now*, iniciada nos anos 1980, e a profunda visceralidade das séries *Laróyè* e *Candomblé*, intuídas, construídas e registradas, em muitos momentos, em verdadeiro transe e sinergia com o intenso movimento das ruas e dos terreiros de sua Salvador de profundas raízes afro-atlânticas. Visceralidade, pertencimento, criação e ruptura o acompanharam em todos os momentos de sua obra, nas imagens, esculturas e *land art* de Nova York, em suas várias participações nas bienais de São Paulo, nas séries fotográficas que o consagraram e nas diversas instalações e vídeos que produziu, abordando da guerra do Iraque à diáspora africana. Artista múltiplo, ao lado de outros nomes, como Miguel Rio Branco, foi responsável pela efetiva entrada em cena da fotografia no meio artístico nacional e internacional, já a partir do início dos anos 1980.

A exposição *Mario Cravo Neto: espíritos sem nome* é a primeira a percorrer em profundidade sua trajetória, estruturando e traduzindo para o público esse pulsar criativo que atravessa todo o percurso de Mario Cravo Neto. Um projeto necessário e urgente para o reposicionamento e a compreensão plena da obra do artista.

Iniciativa concebida a partir de acordo de parceria firmado em 2015 entre o Instituto Moreira Salles e os herdeiros do fotógrafo, voltado para a preservação e difusão da obra de Mario Cravo Neto, a exposição explora o seu amplo arquivo fotográfico, de mais de 100 mil imagens, entre diapositivos e negativos, conjunto hoje preservado no IMS, em diálogo direto com o extenso acervo de obras produzidas e finalizadas em vida pelo artista e com a vasta documentação sobre os diversos momentos de sua carreira, reunidos no acervo do Instituto Mario Cravo Neto.

O IMS, constituído em 1992, é uma das poucas instituições, mesmo a nível internacional, dedicada à preservação de arquivos integrais de fotógrafos(as), inestimáveis fontes de pesquisa e documentação sobre suas trajetórias artísticas e profissionais. O IMCN, criado em 2010 e com sede em Salvador desde 2017, tem como objetivo promover o legado do artista e fotógrafo, incluindo a diversidade de técnicas, meios e assuntos explorados por ele ao longo da vida.

IMS e IMCN agradecem a Luiz Camillo Osorio, curador da mostra, e às equipes e colaboradores das duas instituições diretamente envolvidas no desenvolvimento e na realização deste projeto, convidando o público a percorrer detalhadamente a ampla e diversificada produção do artista, construída ao longo de praticamente cinco décadas de atuação e reunida pela primeira vez nesta publicação e na exposição homônima, que tem como eixo principal de investigação o exame do intenso e profícuo processo de trabalho e criação de Mario Cravo Neto no campo da imagem e de sua relevância para a fotografia e as artes brasileira e internacional.

Marcelo Araujo e João Fernandes
Instituo Moreira Salles

Christian Cravo
Instituto Mario Cravo Neto

*BACKLAND*, SALVADOR, 1968
TIRAGEM ORIGINAL DO AUTOR/GELATINA E PRATA EM MONTAGEM SOBRE PAPEL
ACERVO INSTITUTO MARIO CRAVO NETO

*BACKLAND*, SALVADOR, 1968
TIRAGEM CONTEMPORÂNEA SEM SUPERVISÃO DO AUTOR/GELATINA E PRATA
ACERVO INSTITUTO MARIO CRAVO NETO/INSTITUTO MOREIRA SALLES

# MARIO CRAVO NETO ESPÍRITOS SEM NOME

LUIZ CAMILLO OSORIO

RETRATO DE MARIO CRAVO NETO, DÉCADAS DE 1970-1980
TIRAGEM POSTERIOR SEM SUPERVISÃO DO AUTOR/GELATINA E PRATA
ACERVO INSTITUTO MARIO CRAVO NETO/INSTITUTO MOREIRA SALLES

"Não é a realidade que as fotos tornam imediatamente acessível, mas sim as imagens."

—SUSAN SONTAG

"Na foto de Cravo Neto tudo se cristaliza no momento certo; uma pincelada azul sobre a parede, uma fenda feita só para acolher um vermelho intrometido, uma sombra colorida a se requebrar sobre o muro."

—STEFANIA BRIL

PÁGINAS DO BONECO PARA LIVRO
*ESPÍRITOS SEM NOME*, 1985
ACERVO INSTITUTO MARIO CRAVO NETO

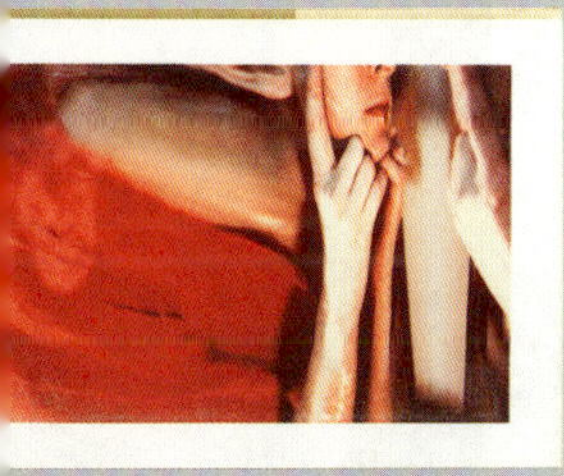

**1.** *Espíritos sem nome*[1] seria o título de um livro de Mario Cravo Neto que ficou inacabado. Combinando imagens fotográficas a algumas citações de poetas, escritores e filósofos, o esboço do livro, como de costume nas suas publicações, tem ritmo intenso e vem carregado de sinalizações sugestivas. Ler e ver potencializam-se na composição. Não há entre as palavras e as imagens qualquer subordinação, há sim desdobramento mútuo de um no outro, do legível no visível, do visível no legível. Trata-se de um artista fazendo uso da fotografia, do texto, do ritmo, da montagem. Expor Mario Cravo Neto é procurar compor com os ritmos de suas séries, de seus movimentos com a luz, a sombra, a cor, os corpos, as festas, os espíritos.

Mario Cravo Neto nasceu no ano de 1947. Filho do escultor Mario Cravo Jr., cresceu em uma Salvador bucólica, barroca e mestiça, tendo como principais referências os amigos próximos do seu pai: Carybé, Jorge Amado, Pierre Verger, Lina Bo Bardi. Tinha a escultura no DNA, aproximou-se e aprendeu a fotografar com dois importantes fotógrafos modernos ainda na Bahia — Hans Mann e Fulvio Roitier. Foi para Nova York em 1969, estudar na Art Students League. Sua ida para os Estados Unidos foi motivada pelo casamento com a dinamarquesa Eva Christensen, que o conheceu numa viagem de férias à Bahia e já morava e trabalhava na cidade americana. Apaixonaram-se, e ele resolveu acompanhá-la.

Ficaram praticamente um ano em Nova York, entre dezembro de 1969 e outubro de 1970 — tempo suficiente para Cravo Neto descolar-se do ambiente artístico em torno do pai e abrir outros horizontes poéticos. O mergulho na fotografia, sem o abandono da escultura e da pintura, começou aí. Talvez por falta de um ateliê confortável no início, talvez pela necessidade de registrar esse outro ambiente tão novo e brutal, a fotografia ganhou materialidade. Aos poucos, além do registro urbano cotidiano, ela passou a ser instrumento de experimentação visual. Suas esculturas lidavam com a natureza tensionada pelo artifício: o acrílico, a terra e as plantas. A fotografia revelava a solidão e o movimento impessoal dos indivíduos em trânsito pela megalópole. Ambas, fotografia e escultura, lidavam com o sentimento de não lugar no mundo. Sem dramas, sem afetação, atentas às metamorfoses no centro do império. Algumas dessas esculturas podem ser vistas nas fotografias de seu ateliê americano. Apesar de interessantes e originais, poucas delas restaram. Entretanto, o sentido do escultórico, do corpo e da gravidade acompanharam-no pela fotografia, a linguagem que o imortalizou e que é foco desta exposição no IMS.

1. Gostaria de agradecer a Christian Cravo e ao IMCN pela confiança, a Flavio Pinheiro pelo convite e a Sergio Burgi e Mariana Newlands pela interlocução fundamental ao longo de todo o projeto de curadoria e pesquisa. À equipe do IMS e demais parceiros, meu obrigado afetuoso.

**2.** A mudança, no final dos anos 1960, de uma Salvador patriarcal e sincrética para uma Nova York cosmopolita e vertical não deve ter sido trivial. Não obstante a entrada de Cravo Neto na escola de arte e seu contato com uma intensidade criativa inusual, a pulsação da cidade deixaria sua marca nele, tanto ou mais que a escola. As estratégias conceituais e o uso de materiais industriais levavam os artistas a um tipo de experimentação serial que será uma marca da produção fotográfica de Cravo Neto, especialmente na década de 1970. A fotografia, sendo um instrumento de registro rápido do mundo, é, no seu caso, atravessada pela subjetividade do olhar. Combina, assim, informação e experiência. Além disso, a manipulação posterior, durante os processos de revelação e impressão, dava à sua fotografia uma liberdade única de, simultaneamente, falar do mundo e mostrá-lo fora da norma mimética. Vemos assim a imagem sendo produzida no intervalo entre a semelhança e a dessemelhança. Cravo Neto lançou mão desses procedimentos com inteligência singular.

Essas características experimentais acompanharam sua fotografia desde o começo. Um mundo novo descortinava-se à sua frente no choque diante da cidade frenética. Um dia a dia solitário — Eva, sua mulher, trabalhava em um escritório —, perambulando pela cidade, levava-o a clicar, incansavelmente, o que se passava à sua volta, como mecanismo de familiarizar-se diante do não familiar. Daí a escolha, quiçá inconsciente, pelo registro da mobilidade, por aquilo que na cidade era passageiro e impessoal — estacionamentos, carros e metrô. Era um olhar intrigado e ameaçado pelo diferente, que evitava o contato direto com as pessoas — como veremos, isso será algo que se transformará em suas fotografias nas ruas de Salvador. As fotos com deformações de Eva são exceção à regra. O desenho — feito com aquarela — era outra prática recorrente junto às esculturas. Uma combinação de afetos variados. O dentro e o fora, o orgânico e o inorgânico.

A exploração de atmosferas plurais será uma marca recorrente em seu trabalho. O fato de o artista ter mergulhado de forma tão intensa na vida da megalópole americana, assim como nos corpos e cores de uma Salvador barroca e negra e nas paisagens bucólicas e interiores das casas dinamarquesas, implicava explorar tensões distintas de claro-escuro, de cores quentes e frias, de corpos próximos e distantes, de extroversão e introversão. É raro um mesmo artista transitar tanto entre a dimensão solar e crepuscular das imagens e dos ambientes. Cravo Neto fazia isso sem soar artificial, sem forçar a barra, apenas deixando aparecer na fotografia o que seria a tonalidade afetiva do lugar fotografado.

2. BARTHES, Roland. *A câmara clara*. Rio de Janeiro: Nova Fronteira, 2011, p. 49.

3. BRIL, Stefania. "Cravo Neto: fragmentos de eternidade". *O Estado de S. Paulo*, 07.01.1981, p. 14. Reproduzido neste catálogo (pp. 246-247).

NOVA YORK, 1969-1970

EVA, NOVA YORK, 1969-1970

MARIO CRAVO NETO, NY HAMMERSHOLT, DINAMARCA, 1976
(AUTORIA: EVA CHRISTENSEN)

Vendo suas imagens da Dinamarca, lembrei-me de algo escrito por Roland Barthes: "As fotografias de paisagens (urbanas ou campestres) devem ser *habitáveis* e não visitáveis".[2] O sentido de habitar, nessas imagens, implica nos colocarmos em um lugar para além do aqui e agora e que nos faz estar em casa no mundo. Curiosamente, talvez por contraste, esse sentimento mais intimista sobressai na série da Dinamarca. Mesmo as imagens com a família ganham aí outra atmosfera, mais silenciosa, mais íntima. Fotografar o ambiente da casa — da mulher, dos filhos, do ateliê — era frequente em Nova York e na Dinamarca. Depois, com as fotografias mais encenadas, com fundo infinito, a família seguia sendo recrutada e posava, mas aí a dimensão teatral e simbólica tirava o ar intimista e o traço familiar do retratado. Fosse um filho, um amigo ou alguém mais distante que posasse, o que interessava era a composição da cena, a extração do dado pessoal e a afirmação de uma personagem a serviço da imagem.

**3.** Em seu primeiro texto crítico sobre Cravo Neto, em 1981 no jornal *O Estado de S. Paulo*, a crítica Stefania Bril começa com duas perguntas interessantes: "Confronto ou cumplicidade? Retrato do conhecido ou do desconhecido?".[3] No contexto desse artigo, ela se referia às diferenças entre as fotografias coloridas — das ruas de Salvador, das feiras populares — contrapostas aos retratos em preto e branco, com fundo infinito, construídos no estúdio com lona de caminhão. Talvez seja o caso de substituirmos, na pergunta de Bril, a disjunção pela conjunção. Não é necessário escolher entre os dois. É um e outro ao mesmo tempo. A construção desses retratos em fundo infinito está no centro da poética fotográfica de Cravo Neto. Há neles o interesse escultórico pela gravidade dos corpos e do fotógrafo pelos detalhes da expressão corporal. Luz e atmosfera. Monumentalidade. O olhar flutua entre a contenção e o desamparo. O desconhecido, nesses retratos, é a própria suspensão de tempo e espaço, provocada pelo não lugar que envolve a figura.

No caso das fotografias de Nova York, o desamparo está no olhar que circula pela cidade, que se vê envolvido pelo movimento urbano, pela muralha vertical e cinza de prédios, onde nada parece dar-lhe abrigo. O clique é rápido, não há preparação, tudo parece movido pelo susto e pelo desejo desse desconhecido. Nas fotografias do metrô, a proibição de realizá-las pelas autoridades policiais exigia do gesto despojamento, e da cena retratada nenhuma intimidade. São pessoas quaisquer, absortas no deslocamento físico e mental, registradas sem qualquer interesse específico. Há algo aí das imagens da Paris vazia de Atget, que, como dizia Walter Benjamin, pareciam no limiar do acontecimento. As cenas do metrô de Cravo Neto são a evidência de uma cidade em que todos circulam na pressa do compromisso e na expectativa velada do inesperado. Não terem muitas vezes foco, não se concentrarem nas fisionomias ou em qualquer detalhe do retratado, denota que essa série, como as demais de Nova York — dos carros e das deformações —, lida com a impessoalidade, com a não intimidade, com a distância investigadora.

Cabe lembrar que Cravo Neto mantinha ateliê em casa, seguindo na sua atividade de escultor e pintor. Gostaria de ressaltar aqui as esculturas com acrílico e plantas, misturando o artificial e o natural, articulando formas orgânicas, cores, atrito e contenção. Uma sensação de aprisionamento, de tensionamento, de ameaça e liberdade, simultâneas, percorre esse momento de sua poética, seja nas esculturas, seja nas fotografias. Os carros imponentes, com aqueles rabos de peixe típicos, impressionavam o artista que tinha paixão por automóveis e velocidade (paixão esta que custaria caro, como veremos). Foram muitas fotografias, inclusive de estacionamentos e áreas vazias da cidade; interesse que comprova sua atenção/aflição por não lugares, pela cidade vertical e inóspita sem muitas linhas de fuga.

Ser estudante na Arts Students League aproximava-o do ambiente minimalista e conceitual então em voga, incorporando em seu trabalho a serialidade e o uso mais estratégico da fotografia, que servia como materialização possível de ideias e processos poéticos. Nesse aspecto, sua perambulação pela cidade e seus registros fotográficos daí decorrentes não derivam de um interesse documental, do registro de momentos marcantes ou ícones turísticos. Trata-se de anotações visuais da cidade, uma pontuação quase coreográfica da vida acelerada e despersonalizada. Como uma partitura visual, as imagens funcionam em conjunto e compõem uma sinfonia serial da metrópole. Vejo uma relação estreita desse registro acelerado de Nova York — montado previamente como projeção de *slides* em exposição na Escola de Artes Visuais (EAV) do Parque Lage, em 1976,

NOVA YORK, 1969-1970

NO ESTÚDIO, 46 GRANT STREET, NOVA YORK, 1969-1970

em uma exposição intitulada *Fotolinguagem*, organizada pelo artista e então diretor da escola, Rubens Gerchman — com o audiovisual *GW-43*, de 1992, feito a partir de imagens televisivas da Guerra do Golfo. Perpassando cada um desses trabalhos, vemos o ritmo rápido do olhar e da montagem a serviço da inteligência e do encantamento de quem vê.

Deslocando o tema, mas mantendo-me no período de Nova York, os retratos deformados são a impregnação do estranho na face familiar. Feitos em sua maioria a partir de retratos tirados de Eva Christensen, deslocam e liquidificam os traços de reconhecimento do rosto. O que Stefania Bril chamará de suspensão da identidade figurativa do retratado no uso do fundo infinito é aqui trabalhado na experimentação com o próprio fazer fotográfico. A impessoalidade das ruas é agora transposta para o rosto íntimo de sua mulher, explicitando movimento e fluidez. Há algo nessas imagens que expressam sua própria aflição psicológica diante de uma cidade estranha, ameaçadora. A identidade vai se desfazendo, a figura se desmanchando no fundo. Ao mesmo tempo, a instabilidade é sinal de liberdade, de abertura, de uma vida por inventar.

Essas várias frentes de trabalho aparecem documentadas em um retrato do artista em sua casa-ateliê em Nova York: desenhos e pinturas estão na parede, esculturas espalhadas sobre uma bancada e mesa de trabalho, fazendo conviver o acrílico, as plantas, as cores, os gestos, múltiplas formas de expressão. A fotografia com cor também era experimentada nessa altura, seguindo os registros da rua e do movimento. São imagens rápidas, sem preciosismo, assim como as aquarelas fluidas, desmanchando as formas. O que interessa nessas fotografias é a sequência, o ritmo, a pulsação. Esse ano em Nova York foi determinante na formação do artista.

**4.** Depois de uma crise existencial marcada por um colapso psicológico no final de 1970, Mario e Eva voltaram para Salvador, deixando um projeto expositivo inacabado em Nova York. O acolhimento da casa e da família ajudaram na recomposição do artista. A sua retomada da produção acabou sendo rápida. Em 1971, Cravo Neto participou da Bienal de São Paulo com seu trabalho escultórico, ganhando um dos prêmios do certame. Dois novos elementos começaram a ser introduzidos a partir desse momento, ampliando o diálogo entre elementos orgânicos e inorgânicos: a areia monazítica, com sua variada coloração, e o vidro. Depois do prêmio na Bienal, o artista recebeu um convite da Blindex para realizar experimentações com o vidro. Essa vivência na fábrica e o uso de outros materiais partem da inquietação do artista em sua incessante abertura a novos horizontes poéticos. É possível supor que essa liberdade no uso de materiais tenha sido estimulada em seu contato com a experimentação escultórica americana, a que ele teve acesso nos anos em que morou em Nova York.

O momento seguinte de sua trajetória decorre diretamente desse processo escultórico e de suas derivações na *land art*, e evidencia sua interlocução com as estratégias conceituais. A fotografia é então usada enquanto dispositivo experimental, para além do interesse documental. Refiro-me à série do Fogo, em que se espalham pela paisagem pontuações de fogo. O inusitado e a serialidade são marcas dessas intervenções, cuja realização inicial implicava montagens em papel-cartão com inserções da fotografia de modo despojado e evidenciando interesse além da imagem. Há que se perceber, nesse trabalho, a imbricação da escultura, do desenho e da fotografia, articulada à ação performativa. Essa combinação do elemento indicial com a construção ficcional da cena começa a ser operada nesses trabalhos, e desdobrar-se-á em outros momentos de sua obra. Os primeiros anos da década de 1970 ficaram marcados por esse trânsito entre escultura, instalação, fotografia e ações performáticas interferindo na paisagem.

Em 31 de maio de 1975, Mario Cravo Neto sofreu um acidente de carro que o deixou imobilizado por quase um ano. Não morreu por um triz. De acordo com seu diário, foi fechado por um ônibus. A impossibilidade de deslocar-se ao longo da recuperação significou, para muitos críticos, sua virada definitiva em direção à fotografia e para um tipo de encenação em estúdio que viria a se consolidar com os retratos em fundo infinito. Considero o episódio do acidente mais relevante do ponto de vista existencial do que no deslocamento de sua trajetória poética. Dar sentido a esse momento trágico não foi só uma questão hermenêutica para a crítica. Foi também uma questão pessoal, que teve efeitos imediatos, como vemos no vídeo que ele fez ainda hospitalizado.

*Luz e sombra* (1975) é um filme experimental, de enorme carga existencial, realizado entre o terceiro e o 15º dia após o acidente. Começa mostrando sua Brasília completamente detonada, desloca-se para uma luz noturna piscando em postes de rua e daí segue para as frestas de sol entrando pela persiana do quarto no hospital. Em seguida, mostra o rosto de Eva e uma câmera fotográfica que ela foca em sua direção. A imobilidade total, o registro curto do que está à volta, o cuidado em primeiro plano com braços, mãos e olhares de médicos e enfermeiros, a música estendida, a família. O filme

ÁLBUM DE RECORTES E COLAGENS FEITO APÓS O ACIDENTE, BAHIA, 1975

*LUZ E SOMBRA*, 1976

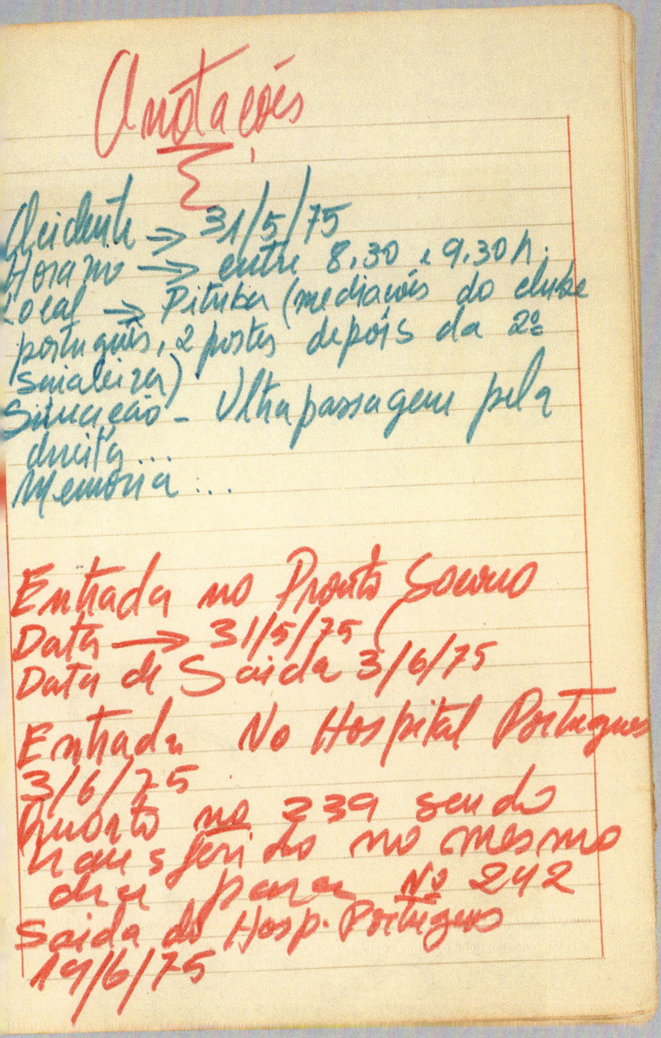


põe em cena tudo o que cabia para um artista preso à cama, engessado da cintura para baixo. E coube muito nessa cena, em sua precariedade fundamental. Tudo era parte de sua cura, de seu esforço de retratar e dar sentido a um momento em que estava espremido entre o absurdo da morte e o milagre da vida, entre ter sido e agora ser outro.

A dimensão construtiva e ficcional da imagem fotográfica ganhou então relevo. Isso não significou o abandono do registro cotidiano das ruas nascido nas fotografias de Nova York e transformado depois nas feiras e mercados de Salvador. A escultura e as instalações tampouco foram abandonadas, mas foram, aos poucos, cedendo espaço para a fotografia encenada e mais trabalhada no estúdio. A ida pouco depois para a Dinamarca e a série realizada por lá mostram o quanto o acidente acrescentaria um travo introspectivo em suas imagens.

Creio que essa transição em sua poética vai acontecendo entre a série do Fogo, no começo da década de 1970, e uma exposição realizada em um galpão industrial arruinado em Salvador, em 1982. O acidente foi relevante nesse movimento interno de sua obra, mas arriscaria dizer que não foi determinante. Na verdade, a afirmação da fotografia no seu desenvolvimento artístico foi um movimento mais cultural do que pessoal, no sentido de uma integração nova e generalizada da fotografia ao sistema das artes visuais. Em 1976, no mesmo ano em que Gerchman realizava a exposição *Fotolinguagem* na EAV, Roberto Pontual escreveu uma crítica no *Jornal do Brasil* em defesa da Nova Fotografia,[4] ressaltando o destaque dado a ela por exposições no MAC-USP, assim como na Bienal Nacional de São Paulo daquele ano. Podemos ainda notar a publicação de dois livros clássicos sobre a fotografia nessa virada dos anos 1970 para os anos 1980: *On Photography*, de Susan Sontag (1977), e *La Chambre claire*, de Roland Barthes (1980). Cabe mencionar ainda, nessa legitimação crítico-institucional da fotografia, a exposição *Pictures* (1977), com curadoria de Douglas Crimp, além dos seus ensaios no final da década de 1970 e começo dos anos 1980 na revista *October*, culminando com a presença das fotografias de Mario Cravo Neto e Miguel Rio Branco na 17ª Bienal de São Paulo (1983). Um artigo de Stefania Bril sobre essa Bienal concentra-se justamente nessa efetiva entrada em cena da fotografia no meio artístico brasileiro e internacional. Esse momento foi determinante para que a poética de Cravo Neto fosse assumindo o trabalho fotográfico de modo mais radical e incorporando no seu interior elementos de outras linguagens artísticas.

4. PONTUAL, Roberto. "A nova fotografia". *Jornal do Brasil*, Caderno B, Rio de Janeiro, 01.11.1976, p. 8.

Da intervenção performativa na natureza à apropriação do espaço fabril abandonado, das lonas usadas de caminhão e dos resíduos industriais deteriorados, o que podemos constatar é uma dialética entre dar a ver e fazer ver, entre captar e montar, entre trazer o mundo à imagem e inventar mundos pela imagem. Entre o esforço de registrar as pontuações com fogo na paisagem, apropriar-se das lonas usadas e a utilização de objetos carregados de simbologia em retratos encenados no estúdio, o que se evidencia nesses retratos em preto e branco é o jogo entre presença e fabulação.

Bril, em texto de 1983 sobre os retratos com fundo infinito, faz uma observação importante sobre a força visual das fotografias e seu efeito de presença diante do olhar. Segundo ela, "o espectador nota que ele próprio está sendo levado para redescobrir o grão de pele, o fragmento do osso, a textura da carne, a ponto de penetrar a essência da matéria e perder a noção corpo-propriedade do ser humano. O corpo começa a assemelhar-se à superfície, uma superfície estranha, tridimensional, a irmanar com as texturas da lona. Troca das energias".[5] Essa troca se dá entre o olhar e a fotografia, entre o que vemos e o que fere a nossa vista. Para isso, devemos ir além do que se mostra. Isso só é possível porque há algo na própria imagem que escapa ao mero reconhecimento.

Essa possibilidade de deslocar a fotografia do mero registro do que estava presente para o que é um excesso de presença na própria imagem participa desse investimento poético na fotografia a partir dos anos 1980, sem prejuízo de outras linguagens, como o vídeo, a escultura e a instalação. Além disso, independentemente de Cravo Neto manter-se trabalhando com fotografia analógica, o modo como o desenvolvimento das técnicas digitais foi transformando a própria compreensão do que se mostra pela fotografia, uma mudança em seu regime de visibilidade, é de relevância nesse contexto das décadas de 1980 e 1990 para a valorização artística dessa linguagem. Penso aqui, por exemplo, na análise feita por Philippe Dubois caracterizando a transição e a articulação entre a imagem-traço e a imagem-ficção. "Como pensar a imagem quando o suposto real que ela representa não é mais dado necessariamente como um traço daquilo que foi? [...] Uma imagem pensada como um universo de ficção e não mais como um universo de referência."[6] Nada mais produtivo para lidarmos com os retratos em preto e branco com fundo infinito de Cravo Neto do que essa afirmação da imagem-ficção.

5. BRIL, Stefania. "O existir, na realidade e na arte". *O Estado de S. Paulo*, 14.06.1983, p. 16. Reproduzido neste catálogo (p. 249).

6. DUBOIS, Philippe. "Da imagem--traço à imagem-ficção: o movimento das teorias da fotografia de 1980 aos nossos dias". *Discursos Fotográficos*, Londrina, v. 13, n. 22, jan.-jul. 2017, pp. 31-51.

7 BRIL, Stefania. "Mario Cravo Neto: poeta e escultor da luz". *Iris*, n. 393, jun. 1986, pp. 24-31. Reproduzido neste catálogo (pp. 262-265).

8. *Ibidem*.

SÉRIE *ETERNAL NOW*

SALVADOR, DÉCADA DE 1980

Não que a referência desapareça. Ela está lá, há alguém posando para a câmera. No entanto, há um cenário, um recorte, uma atmosfera construída que dá ao retrato uma energia simbólica singular. Segundo o próprio fotógrafo, "no início [até 1984] eu estava preocupado com o aspecto contemplativo: o que o modelo (o olhar meio perdido) conseguia transmitir para mim, através do seu semblante. Depois fui mais eu a moldar os corpos: tensão, fuga, luta, desafio. Fragmentos sintetizados num perfil, pescoço, músculo, veia."[7] Fragmentos sintetizados que nos levam da parte ao todo que se completa no olhar, no que nele se põe a pensar, a imaginar, a fabular a partir, e para além, do visível. O que mais impressiona nessa série em preto e branco é sua capacidade de nos colocar dentro da imagem, levando-nos a mobilizar toda a dimensão tátil do nosso olhar, e, ao mesmo tempo, disparar toda uma intensidade fabulatória em nosso olhar-imaginação, por meio de um jogo metamórfico entre corpos, bichos, pedras, tecidos.

Se essa dialética entre o referente e o ficcional, entre o olho e o espírito, vai ganhando corpo nesses retratos, há na série do Candomblé a radicalização desse processo. Aqui se trata da tentativa de capturar a experiência de saída de si inerente ao ritual, de encontro com o mágico a partir das intensidades do corpo. Para além da conversão no final dos anos 1990 — depois de longa amizade de vida toda com Pierre Verger e com a cultura afro-brasileira do seu entorno na Bahia —, o mergulho nas festas e cerimônias dar-se-ia de corpo inteiro. O próprio artista é muito lúcido nesse aspecto: "Programo a minha máquina (Leica R4) de antemão, para obter aquela subexposição característica das minhas fotos, e depois... me lanço de corpo inteiro (e de alma também) na festança: me incorporo nela e ela me incorpora. Focar na objetiva? Nem pensar. O foco se faz no passo, na dança: um pouco mais perto, um nada mais longe. É caça meio 'alta' para afinar a focalização. A imagem é também fruto desta parte performática do fotógrafo."[8]

Esse tipo de procedimento lançando-se no corpo a corpo com a cena perpassa todo o conjunto de fotografias feitas nas ruas de Salvador. Uma característica dessas imagens, como já destacado, é a opção pela cor. No estúdio, preto e branco; na rua, cor. Ela já estava presente nas aquarelas e em algumas fotografias de Nova York, mas ganha nas ruas de Salvador uma vibração única. Ao mesmo tempo exasperada e contida, a cor é corpo, é arquitetura, é natureza. Ele atiça os contrastes, mas segura a intensidade luminosa. Horácio Fernández, em sua notável publicação intitulada *Fotolivros latino-americanos*, destaca o elemento cromático em Cravo Neto, sublinhando que a cor vem

SALVADOR, DÉCADA DE 2000

aderida aos "corpos esculturais que posam com infinita elegância, com uma pátina de monumentalidade sudorosa que não deixa nada a desejar diante das estátuas barrocas das igrejas". Não resta dúvida de que se trata de um dos grandes coloristas na história da arte contemporânea brasileira. Olhando sua produção em cor, percebemos dois momentos complementares. No primeiro, que vai do livro *Bahia* (1980) até *Estranhos filhos da casa* (1985), a cor é mais rebaixada, mais sutil, e acompanha seu apreço pelo que há de lírico na cultura popular — os corpos trabalhando, os detalhes vernaculares da arquitetura precária das feiras, as roupas, os adereços e os colares das baianas. Como observou Caetano Veloso, "Mario Cravo Neto faz a dureza física da luz de Salvador passar pelo filtro da doçura espiritual que anima a cidade".[9]

Em um segundo momento, a cor e os corpos ganham outra tonalidade afetiva mais pulsional, mais heroica. É possível que isso tenha a ver com o momento de sua conversão nos anos 1990 ao Candomblé, que provocaria uma apreciação mais encantada das ruas, dos corpos e dos rituais. Esse momento está todo ele registrado no magnífico *Laróyè* (2000). Miguel Rio Branco, em texto escrito como obituário/testamento de sua longa relação com Cravo Neto, é bastante enfático na análise da luz própria de suas fotografias e da multiplicidade experimental de sua obra. "Mario tinha a mesma densidade dramática de Bill Brandt: existia um drama na luz, as pessoas e coisas não estavam expostas às luzes frias dos alemães — o que está na moda fotográfica hoje em dia. E não era alguém preso a uma nota só. Compunha sinfonias com montagens surpreendentes de imagens e também peças individuais que nos sacudiam em surdina."[10]

Voltamos no tempo, para terminar, recuperando dois momentos anteriores e cruciais de sua relação com a fotografia: a série do Aleijadinho e a série do Fogo. O embate com os profetas em Congonhas do Campo foi a primeira aventura de Cravo Neto com a fotografia, realizada antes da ida a Nova York. Vê-se aí o filho do escultor buscando a expressão talhada em pedra e revelada no contraste de luz. A busca do efeito dramático, o olho atento ao Barroco, jamais deixou-se transformar em exagero sentimental. Ele busca os "fragmentos sintetizados" e faz ver naqueles corpos a mesma tensão entre as partes e o todo em que se revelam "lutas, tensões, fugas e desafios". Já a parte performativa de se jogar na festa para extrair dela vida e transcendência desdobra-se, à sua maneira, no movimento do fogo pela paisagem e seu alastramento na série. Esses cruzamentos, essas idas e vindas em sua poética, revelam um artista plural e inquieto.

9. O texto de Caetano Veloso encontra-se no livro *Salvador*, de Cravo Neto, publicado em 1999.

10. RIO BRANCO, Miguel. "Sobre Mario Cravo Neto: 'A grande obra fica sempre inacabada'". *O Globo*, Rio de Janeiro, 16.08.2009.

11. BRIL, Stefania. "Mario Cravo Neto: poeta e escultor da luz". *Op. cit.*

12. Entrevista dada a Simonetta Persichetti e publicada em *O Estado de S. Paulo* de 12 de janeiro de 1996.

**LARÓYÈ, SALVADOR, DÉCADA DE 1990**

*FOGO*, BAHIA, 1971-1974

Em certo momento no começo da década de 1980, Cravo Neto teve seu equipamento fotográfico furtado de dentro do seu carro. Depois de mobilizar a polícia, o ladrão foi encontrado, mas antes de ser preso, queimou câmeras, lentes e filtros. Ficou tudo destruído, calcinado. Em um gesto típico, como já havia feito no filme *Luz e sombra* ao filmar os primeiros dias pós-acidente e cirurgia no hospital, o artista fez do acontecimento trágico gatilho criativo. Pegou aquele equipamento carbonizado e colocou sobre a mesma lona dos fundos infinitos; uma lona bastante desgastada e retirada do circuito utilitário para integrar a composição plástica da instalação. O fogo volta aqui como índice e como signo, como o que queima e o que se transforma. O curador Walter Zanini, no catálogo da Bienal de 1983 sobre o trabalho de Cravo Neto, via ali, na instalação, o ponto de confluência da fotografia e da escultura, em que a "precípua ideia escultural torna-se criadora de atmosfera — evocativa e dramática no mistério poético das realidades que a contêm".

Em um artigo-conversa entre Stefania Bril e Mario Cravo Neto, a crítica toca nesse ponto de ele ser um artista plural e é interpelada de forma desconcertante: "Você está 'despedaçado' em tantas obras diferentes: Bahia, retratos, populares, a reinterpretação da arte — Mario Cravo por Cravo Neto... Como é que você amarra todos estes seus 'pedaços'? Vem de novo uma resposta imprevisível: 'Porque gosto de música!'."[11] Essa tirada que parece poética, e é, também põe em evidência a dimensão rítmica de suas montagens. Especialmente na composição de imagens para seus fotolivros, percebemos uma fluência ora cadenciada, ora acelerada, misturando cores quentes e contemplativas, avivando o olho e o tato.

Nesse aspecto da composição música e imagem, cabe destacar o seu audiovisual *GW-43*, feito diante da TV durante a Guerra do Iraque. Intensificados pelo *rock* pesado, de Judas Priest a Sepultura, o real e o virtual estão completamente reunidos. Numa obra bruta, direta, cruel, trágica, da qual o artista retira poesia, apesar de tudo. Segundo ele, "talvez a mais livre de todas as minhas peças. Transa com a sincronicidade, com o acaso e com o gestual."[12] Reencontra-se nesse trabalho um conjunto de referências que o acompanham: o fascínio pelos contrastes, pelo fogo, pela luta, pela dimensão trágica e poética da existência humana. A música tem um papel decisivo, intensificando os ataques cirúrgicos da primeira guerra televisionada, montando um filme que faz convergirem Kubrick e Farocki, a potência emocional e a inteligência crítica.

*GW–43*, 1991

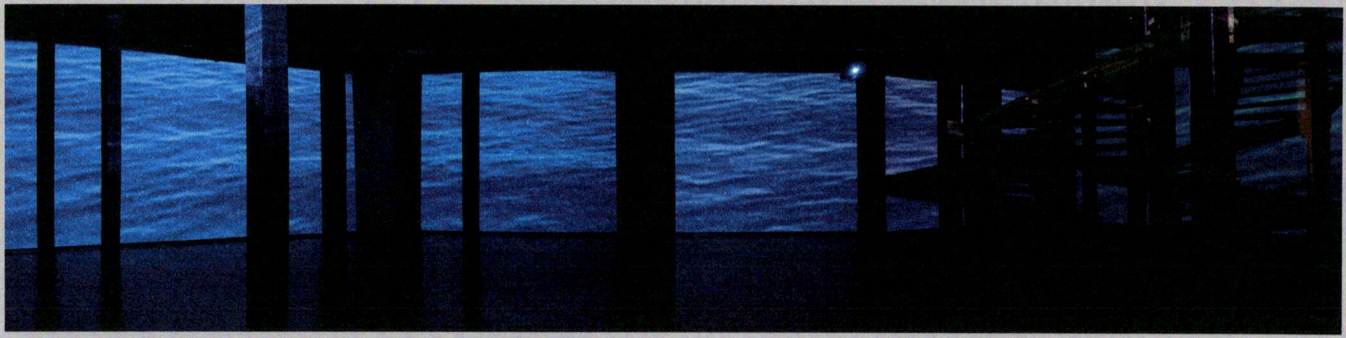

*LA MER*, SALVADOR, 2005

**Epílogo:** *La Mer*. Em 2005, a convite de Solange Farkas, Cravo Neto foi convidado a participar da Mostra Pan-Africana de Arte Contemporânea, no Museu de Arte Moderna da Bahia, o Solar do Unhão. Ocupando todo o andar térreo, ele projetou imagens do mar em todas as paredes, com dois orixás discretos projetados e flutuando, liquefazendo o espaço, articulando o dentro e o fora, o Brasil e a África, o sagrado e o profano, a imagem e a música. O som que predominava era a música "Murder", cantada por John Lee Hooker, a voz e a guitarra mais dilacerantes do *blues* americano. Lidar com o mar, mais do que tudo, era homenagear Yemanjá, Mãe das Águas, reverenciada em Salvador e símbolo da africanidade brasileira. A potência da instalação é sua capacidade de sintetizar os elementos plásticos e simbólicos e dar-lhes uma configuração imersiva. Entrar nesse espaço, apostamos nisso sem tê-lo de fato vivenciado, é ser convocado por afetos contraditórios de encantamento e estranhamento, de pertencimento e deslocamento. Mais uma vez, como mais uma volta no parafuso poético de Cravo Neto, deparamo-nos com a pergunta de Stefania Bril: "Confronto ou cumplicidade? Retrato do conhecido ou do desconhecido?" E, mais uma vez, principalmente nessa instalação tardia e monumental, devemos trazer o testemunho do amigo Miguel Rio Branco — Mario Cravo Neto "compunha sinfonias com montagens surpreendentes de imagens e também peças individuais que nos sacudiam em surdina".



*LIVE AT THE FILLMORE EAST—JIMI HENDRIX*, NOVA YORK, 1969-1970
TIRAGENS ORIGINAIS/GELATINA E PRATA. ACERVO INSTITUTO MARIO CRAVO NETO

NOVA YORK, 1969-1970
TIRAGEM ORIGINAL DO AUTOR/GELATINA E PRATA EM MONTAGEM SOBRE PAPEL
ACERVO INSTITUTO MARIO CRAVO NETO/INSTITUTO MOREIRA SALLES

NOVA YORK
FAMÍLIA
ACIDENTE
DINAMARCA
ETERNAL NOW
LARÓYÈ
BAHIA
CANDOMBLÉ
ALEIJADINHO
EX-VOTOS
NINHOS
CÂMERAS
PNEUS
FOGO
GW-43

MARIO E SEU PAI, MARIO CRAVO JUNIOR, SALVADOR, 1978 (AUTORIA: VICENTE SAMPAIO)

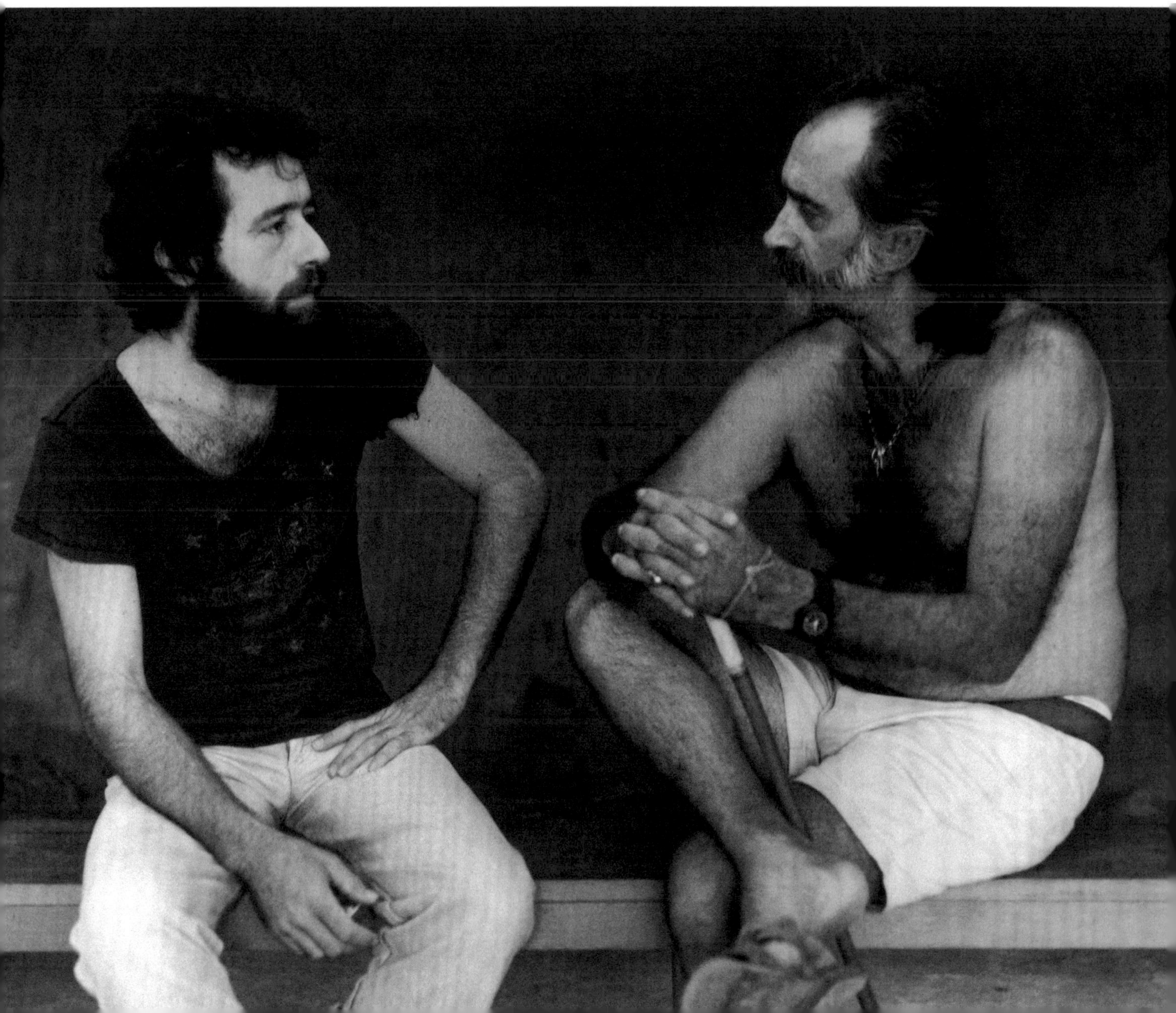

# NOVA YORK

"Gosto de trabalhar com coisas que são próximas da minha vida, do meu cotidiano, por isso não é um trabalho racional e especulativo. É de cunho mais emocional, sobre coisas que acontecem em minha própria vida."

— M.C.N.

Em 1969, Mario Cravo Neto saiu de uma Salvador patriarcal e sincrética e foi morar em Nova York, cidade cosmopolita e impessoal. Matriculou-se em uma escola de arte (Art Students League). As estratégias conceituais, em voga àquela altura, levavam os artistas a um tipo de experimentação serial que seria recorrente na produção posterior de Cravo Neto. A fotografia, um instrumento de registro rápido do mundo, é, ao mesmo tempo, atravessada pela subjetividade do seu olhar. Combina, assim, informação e experiência. Fotografias de carros, do metrô e a série de deformações mostram que o deslocamento e o anonimato eram uma marca da metrópole. Uma cidade em que todos circulam na pressa do compromisso e na expectativa velada do inesperado. Suas aquarelas, esculturas e fotos com cor evidenciam a formação de um artista plural.

NOVA YORK, 1969-1970
TIRAGEM ORIGINAL DO AUTOR/GELATINA E PRATA
ACERVO INSTITUTO MOREIRA SALLES

1–3, 5–8. NOVA YORK, 1969-1970
TIRAGENS CONTEMPORÂNEAS SEM SUPERVISÃO DO AUTOR/GELATINA E PRATA
ACERVO INSTITUTO MARIO CRAVO NETO/INSTITUTO MOREIRA SALLES

4. NOVA YORK, 1969-1970
TIRAGEM ORIGINAL DO AUTOR/GELATINA E PRATA
ACERVO INSTITUTO MARIO CRAVO NETO/INSTITUTO MOREIRA SALLES

1

4

5

6

7

2

3

8

9

NOVA YORK, 1969-1970
TIRAGENS CONTEMPORÂNEAS SEM SUPERVISÃO DO AUTOR/GELATINA E PRATA
ACERVO INSTITUTO MARIO CRAVO NETO/INSTITUTO MOREIRA SALLES

NOVA YORK, 1969-1970
TIRAGENS CONTEMPORÂNEAS SEM SUPERVISÃO DO AUTOR/GELATINA E PRATA
ACERVO INSTITUTO MARIO CRAVO NETO/INSTITUTO MOREIRA SALLES

NOVA YORK, 1969-1970
TIRAGENS DIGITAIS CONTEMPORÂNEAS SEM SUPERVISÃO DO AUTOR
ACERVO INSTITUTO MARIO CRAVO NETO/INSTITUTO MOREIRA SALLES

NOVA YORK, 1969-1970 [PP. 54-57]
ACERVO INSTITUTO MARIO CRAVO NETO/INSTITUTO MOREIRA SALLES

BUICK
NEW YORK

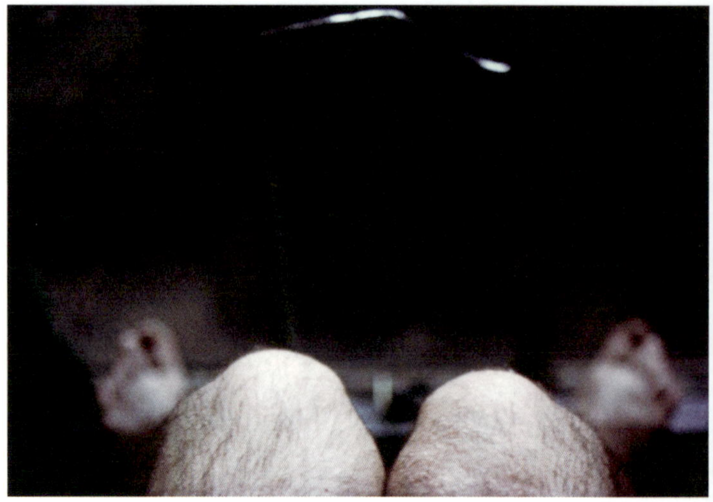

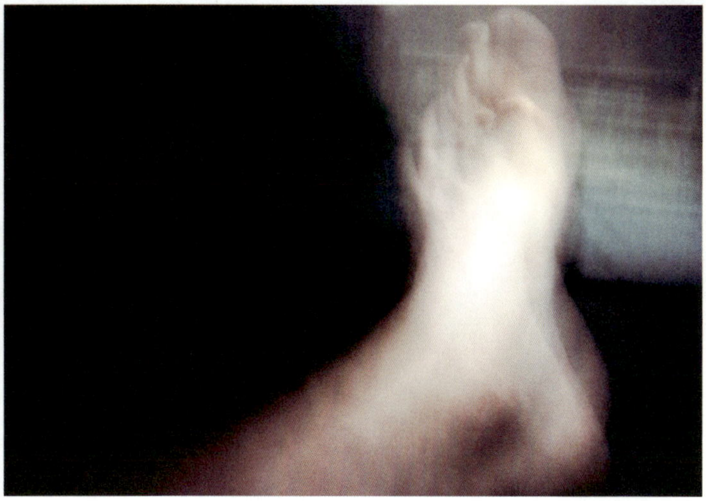

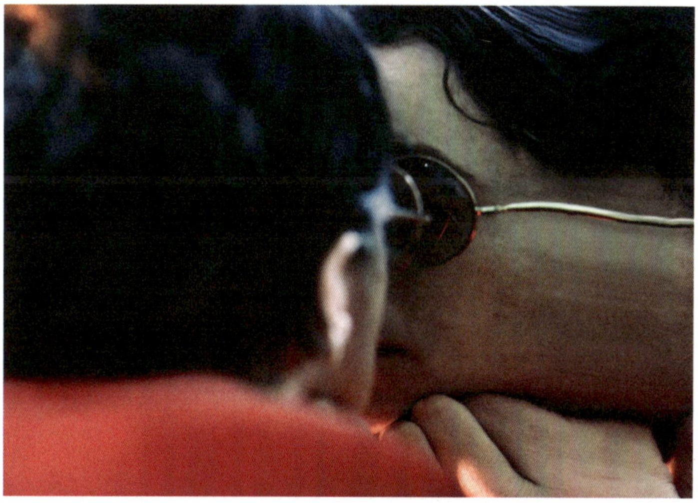

NOVA YORK, 1969-1970
TIRAGEM CONTEMPORÂNEA SEM SUPERVISÃO DO AUTOR/GELATINA E PRATA
ACERVO INSTITUTO MARIO CRAVO NETO/INSTITUTO MOREIRA SALLES

NOVA YORK, 1969-1970
(FRENTE E VERSO)
TIRAGEM ORIGINAL DO AUTOR/GELATINA E PRATA
ACERVO INSTITUTO MARIO CRAVO NETO

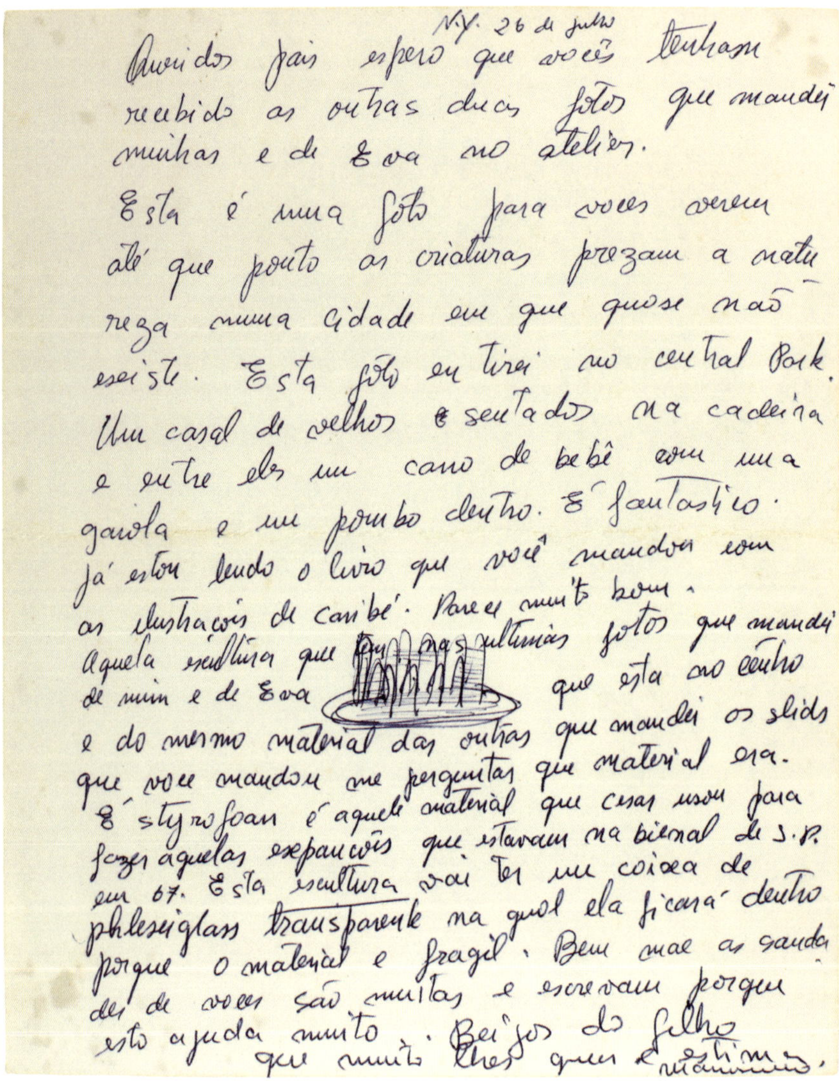

N.Y. 26 de julho

Queridos pais espero que vocês tenham recebido as outras duas fotos que mandei minhas e de Eva no atelier.

Esta é uma foto para vocês verem até que ponto as criaturas prezam a natureza numa cidade em que quase não existe. Esta foto eu tirei no Central Park. Um casal de velhos sentados na cadeira e entre eles um carro de bebê com uma gaiola e um pombo dentro. É fantástico.

Já estou lendo o livro que você mandou com as ilustrações de Caribé. Parece muito bom.

Aquela escultura que [illegible] nas últimas fotos que mandei que está no centro de mim e de Eva é do mesmo material das outras que mandei os slides que você mandou me perguntar que material era. É styrofoam é aquele material que Cesar usou para fazer aquelas expansões que estavam na bienal de S.P. em 67. Esta escultura vai ter uma caixa de plexiglass transparente na qual ela ficará dentro porque o material é frágil. Bem mãe as saudades de vocês são muitas e escrevam porque isto ajuda muito. Beijos do filho que muito lhes quer e estima.

NOVA YORK, 1969-1970
TIRAGEM ORIGINAL DO AUTOR/GELATINA E PRATA
ACERVO INSTITUTO MARIO CRAVO NETO

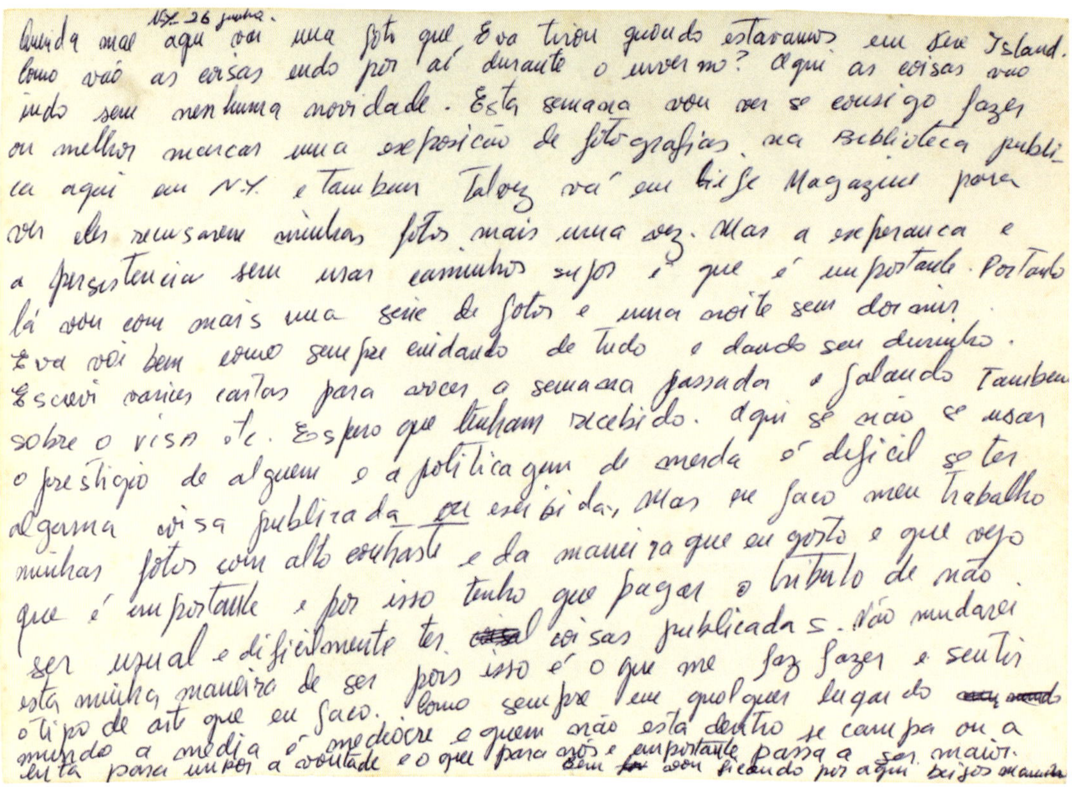

NY. 26 junho.

Querida mãe aqui vai uma foto que Eva tirou quando estavamos em Fire Island. Como vão as coisas indo por aí durante o inverno? Aqui as coisas vão indo sem nenhuma novidade. Esta semana vou ver se consigo fazer ou melhor marcar uma exposição de fotografias na Biblioteca publica aqui em N.Y. e tambem talvez vá em Life Magazine para ver eles recusarem minhas fotos mais uma vez. Mas a esperança e a persistencia sem usar caminhos sujos é que é importante. Portanto lá vou com mais uma serie de fotos e uma noite sem dormir. Eva vai bem como sempre cuidando de tudo e dando seu durinho. Escrevi varias cartas para vocês a semana passada e falando tambem sobre o visa etc. Espero que tenham recebido. Aqui se não se usar o prestigio de alguem e a politicagem de merda é dificil se ter alguma coisa publicada ou exibida, mas eu faço meu trabalho minhas fotos com alto contraste e da maneira que eu gosto e que vejo que é importante e por isso tenho que pagar o tributo de não ser usual e dificilmente ter ~~[illegible]~~ coisas publicadas. Não mudarei esta minha maneira de ser pois isso é o que me faz fazer e sentir o tipo de art que eu faço. Como sempre em qualquer lugar do ~~[illegible]~~ mundo a media é mediocre e quem não esta dentro se cansa ou a luta para impor a vontade e o que para nós é importante passa a ser maior. Bem ~~[illegible]~~ vou ficando por aqui beijos mamãe

LONG BEACH, NOVA YORK, 1969-1970
(FRENTES E VERSOS; FOTOS DE EVA CHRISTENSEN)
TIRAGENS ORIGINAIS DO AUTOR/GELATINA E PRATA
ACERVO INSTITUTO MARIO CRAVO NETO

NYork 27

Mae como me deu vontade de escrever mais algumas
linhas aqui vai outra foto de autoria de Eva.
Tenho muitos trabalhos de escultura novos algumas
peças pequenas com ~~o poliureb~~ poliuretane que eu
gosto. Porque são peças bem livres e rapidas e as vezes
essas peças por causa disto resistem mais ao tempo.
Eu estive pensando e cheguei a conclusão de que
o tempo é um fator fisico e abstrato. Ea manei-
na de provar isto em uma forma material ~~soment~~
somente em arte se pode faze-lo apois um longo
processo de seleção e depuramento.
O cheque que vovó Marina mandou ja acharam
o correio devolveu ao banco e parece que seguida
receberei. Vou mandar para ela uma foto minha,
e Eva no mesmo tempo que eu por essa no correio
pergunte se ela recebeu. Diga a Kade que tem um
bom grupo aqui e vai tocar esta semana aqui perto
tem um bom ritimo e o CHICAGO transit autority. Mas
parece que não vamos ver porque a situação financeira
não permite. Mas em julho nos vamos ver
Miles Davis que vai dar um concerto no Central Park.
Escrevam porque tambem mata as saudades
e é bom ouvir as noticias. Você deu algumas fotos
de minhas esculturas a Jaimes Amado. Di aquelas com
as plantas que mandei por João. Gostaria muito de
ver vocês pois as saudade são muitas. Como vai
Renato? Mudou muito depois que casou com Jacira?
Pode marcar a exposição no museu e mandar
dizer. Estamos verificando sobre os navios que param
em Salvador. Mas não são muitos. Mas podemos mandar as esculturas de navio e ir de avião. Pode ser mais barato
BEIJOS MANOELITO

NOVA YORK, 1969-1970
TIRAGEM ORIGINAL DO AUTOR/GELATINA E PRATA
ACERVO INSTITUTO MARIO CRAVO NETO

11 DE JUNHO

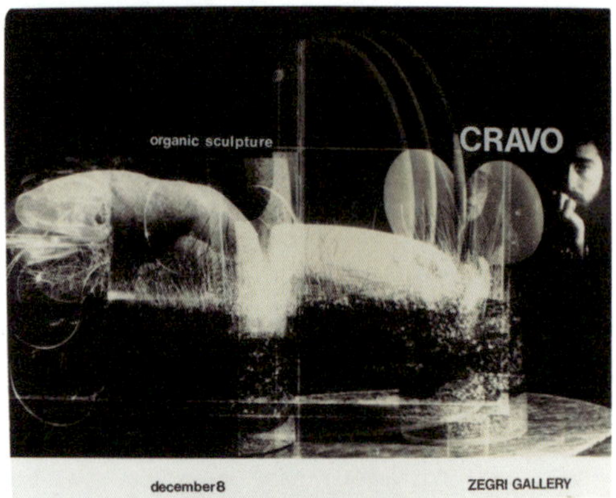
organic sculpture
CRAVO
december8
ZEGRI GALLERY

uma das ideias para o poster
da primeira exposição em NY/69
que foi impresso e depois resolvi
não fazer a exposição 1990

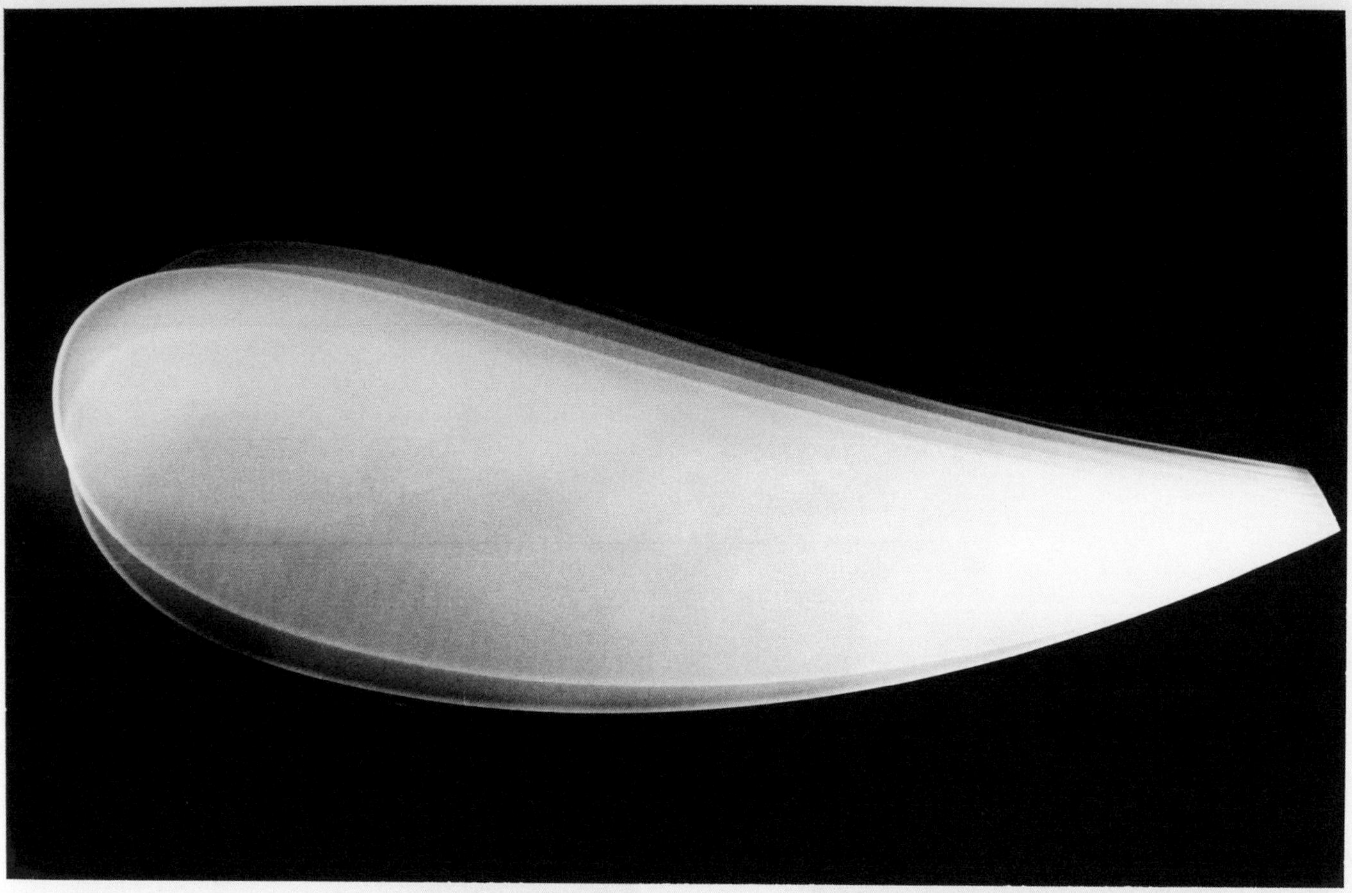

NOVA YORK, 1969-1970
TIRAGENS ORIGINAIS DO AUTOR/GELATINA E PRATA
ACERVO INSTITUTO MARIO CRAVO NETO

NOVA YORK, 1969-1970
TIRAGENS ORIGINAIS DO AUTOR/GELATINA E PRATA
ACERVO INSTITUTO MARIO CRAVO NETO

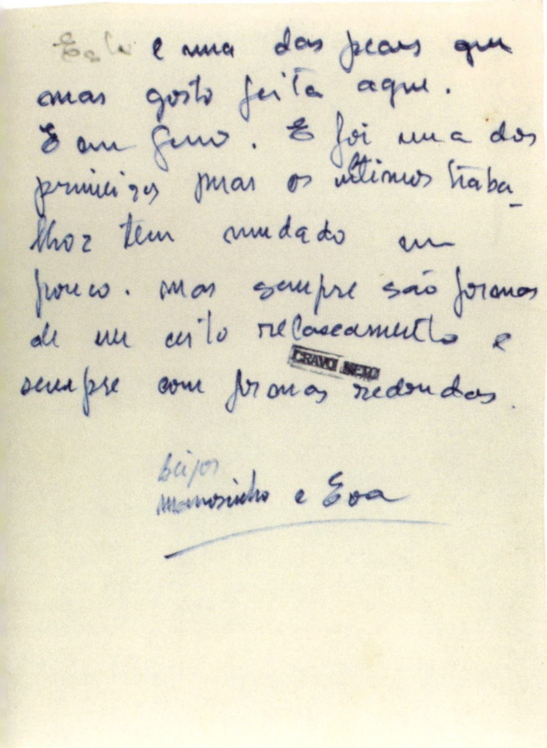

Esta é uma das peças que mais gosto feita aqui. É em ferro. E foi uma dos primeiros mas os últimos trabalhos tem mudado um pouco. mas sempre são formas de um certo relaxamento e sempre com formas redondas.

beijos
[illegible] e Eva

CRAVO NETO

NOVA YORK, 1969-1970
(FRENTE E VERSO)
TIRAGEM ORIGINAL DO AUTOR/GELATINA E PRATA
ACERVO INSTITUTO MARIO CRAVO NETO

NOVA YORK, 1969-1970
ACERVO INSTITUTO MARIO CRAVO NETO/INSTITUTO MOREIRA SALLES

AQUARELAS, 1968
COLEÇÃO EVA CHRISTENSEN

NOVA YORK, 1969-1970
TIRAGENS ORIGINAIS DO AUTOR/GELATINA E PRATA
ACERVO INSTITUTO MARIO CRAVO NETO

Esta é das
que mais gosto
cilindro com-
pletamente fe-
chado.
Centro amarelo
e transparente
com vegetação
ao redor.

Variações do tema
em branco e transparente
centro e verde.

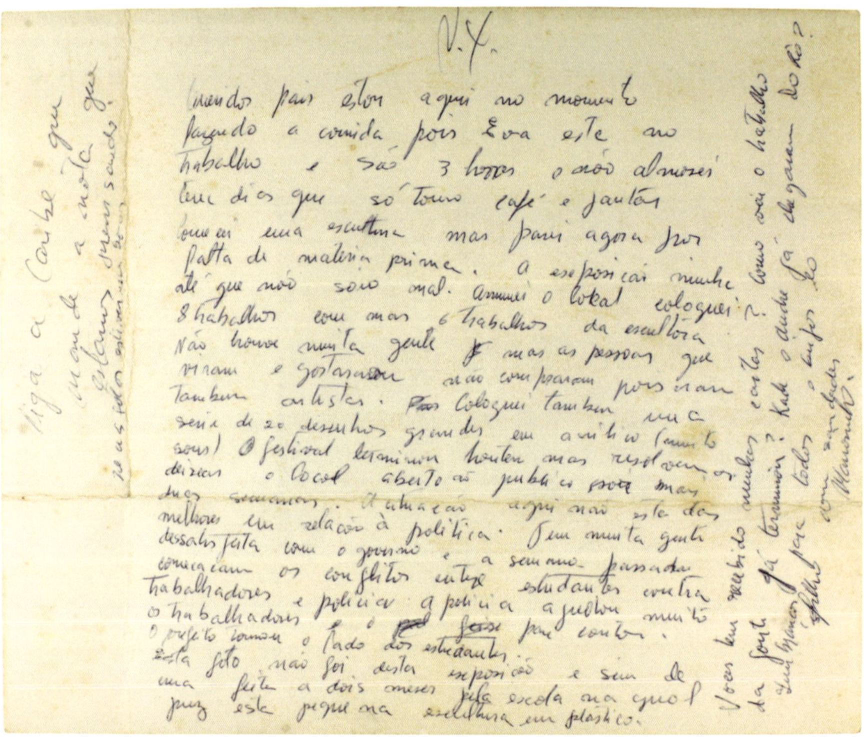

N.Y.

Queridos pais estou aqui no momento
fazendo a comida pois Eva está no
trabalho e são 3 horas e não almocei
tem dias que só tomo café e jantar
comecei uma escultura mas parei agora por
falta de matéria prima. A exposição minha
até que não saiu mal. Arrumei o local coloquei
8 trabalhos com mais 6 trabalhos da escultora.
Não houve muita gente mas as pessoas que
viram e gostaram não compraram pois eram
também artistas. Coloquei também uma
serie de 20 desenhos grandes em acrílico (muito
bons) O festival terminou hontem mas resolveram
deixar o local aberto ao publico por mais
duas semanas. A situação aqui não está das
melhores em relação à politica. Tem muita gente
dessatisfeita com o governo e a semana passada
começaram os conflitos entre estudantes contra
trabalhadores e policia a policia ajudou muito
os trabalhadores e o [illegible] foi por conta.
O prefeito tomou o lado dos estudantes.
Esta foto não foi desta exposição e sim de
uma feita a dois meses pela escola na qual
puz este pequena escultura em plastico.

Vocês tem recebido muitas cartas[illegible] como vai o trabalho da forja? já terminou? Kak o dudu já chegaram do Rio? Um abraço filho para todos e beijos com saudades Marinho.

Diga a Carla que mande a nota que [illegible]

NOVA YORK, 1969-1970
(FRENTES E VERSOS)
TIRAGENS ORIGINAIS DO AUTOR/GELATINA E PRATA
ACERVO INSTITUTO MARIO CRAVO NETO

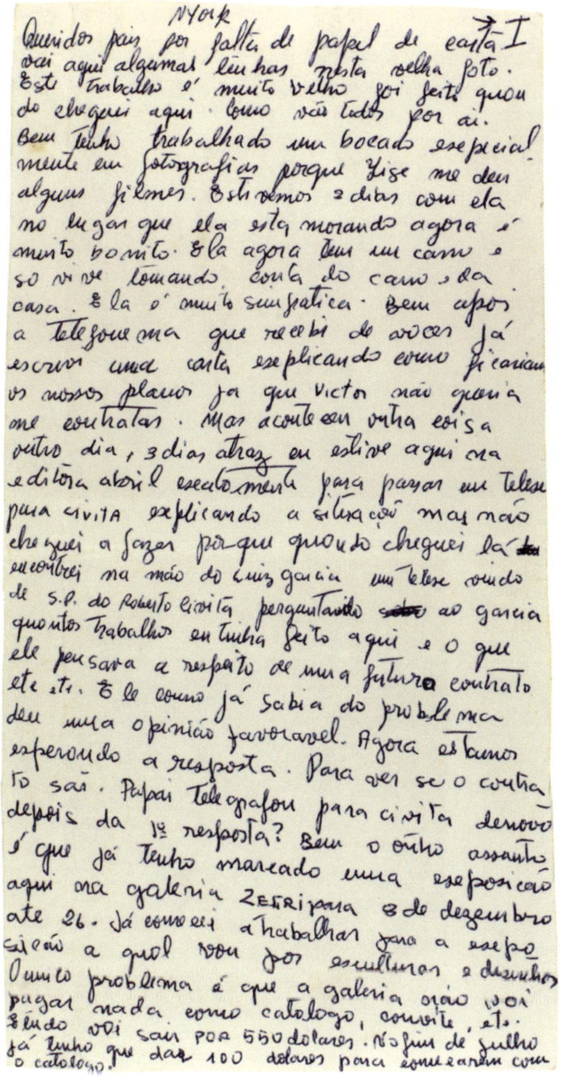

NYork

Queridos pais por falta de papel de carta → I
vai aqui algumas linhas nesta velha foto.
Este trabalho é muito velho foi feito quan
do cheguei aqui. Como vão todos por ai.
Bem tenho trabalhado um bocado especial
mente em fotografias porque Lise me deu
alguns filmes. Estivemos 2 dias com ela
no lugar que ela esta morando agora é
muito bonito. Ela agora tem um carro e
so vive tomando conta do carro e da
casa. Ela é muito simpatica. Bem após
a telefonema que recebi de vocês já
escrevi uma carta explicando como ficariam
os nossos planos ja que Victor não queria
me contratar. Mas aconteceu outra coisa
outro dia, 3 dias atraz eu estive aqui na
editora abril exatamente para passar um telex
para civita explicando a situação mas não
cheguei a fazer porque quando cheguei lá
encontrei na mão do Luiz garcia um telex vindo
de S.P. do Roberto civita perguntando ao garcia
quantos trabalhos eu tinha feito aqui e o que
ele pensava a respeito de um futuro contrato
etc etc. Ele como já sabia do problema
deu uma opinião favoravel. Agora estamos
esperando a resposta. Para ver se o contra
to sai. Papai telegrafou para civita denovo
depois da 1ª resposta? Bem o outro assunto
é que já tenho marcado uma exposição
aqui na galeria ZEFRI para 8 de dezembro
ate 26. Já comecei a trabalhar para a expo
sição a qual vou por esculturas e desenhos.
O unico problema é que a galeria não vai
pagar nada como catalogo, convite, etc.
Sendo vai sair POR 550 dolares. No fim de julho
já tenho que dar 100 dolares para comecarem com
o catalogo.

NOVA YORK, 1969-1970 [PP. 78-79]
ACERVO INSTITUTO MARIO CRAVO NETO/INSTITUTO MOREIRA SALLES

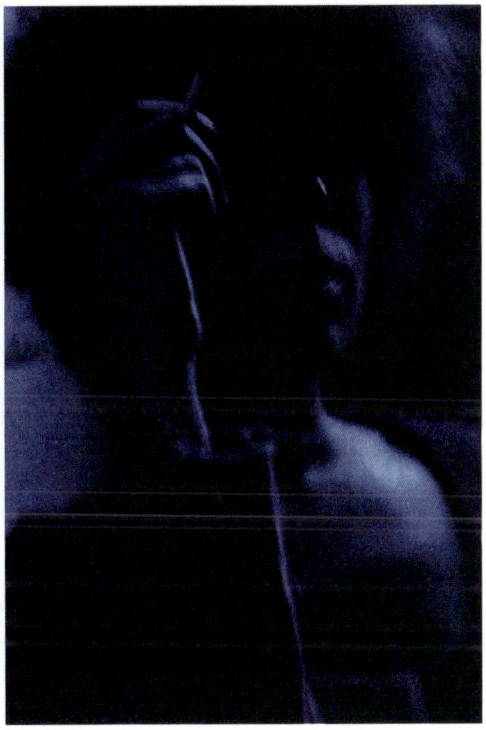

DOWN TOWN TRAINS

NOVA YORK, 1969-1970
TIRAGENS ORIGINAIS DO AUTOR/GELATINA E PRATA
ACERVO INSTITUTO MARIO CRAVO NETO

NOVA YORK, 1969-1970
TIRAGEM CONTEMPORÂNEA SEM SUPERVISÃO DO AUTOR/GELATINA E PRATA
ACERVO INSTITUTO MOREIRA SALLES

NOVA YORK, 1969-1970
TIRAGENS ORIGINAIS DO AUTOR/GELATINA E PRATA
ACERVO INSTITUTO MARIO CRAVO NETO

NOVA YORK, 1969-1970
TIRAGENS CONTEMPORÂNEAS SEM SUPERVISÃO DO AUTOR/GELATINA E PRATA
ACERVO INSTITUTO MARIO CRAVO NETO/INSTITUTO MOREIRA SALLES

NOVA YORK, 1969-1970
TIRAGENS ORIGINAIS DO AUTOR/GELATINA E PRATA
ACERVO INSTITUTO MARIO CRAVO NETO



NOVA YORK, 1969-1970 [PP. 88-95]
ACERVO INSTITUTO MARIO CRAVO NETO/INSTITUTO MOREIRA SALLES

THE BAGEL RESTAURANT

STAGE
UEEZE PLAY
nérique

TORRE PRODUCTS CO.

M. NAQUI
Imported Arts & Gifts
PORTRAITS

1

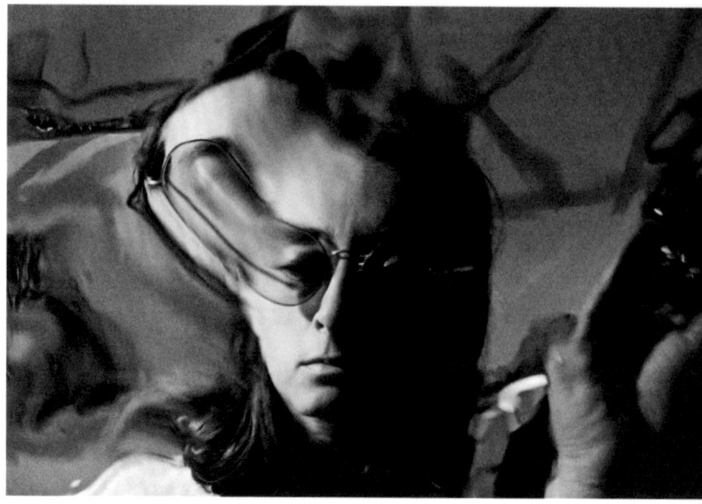

2

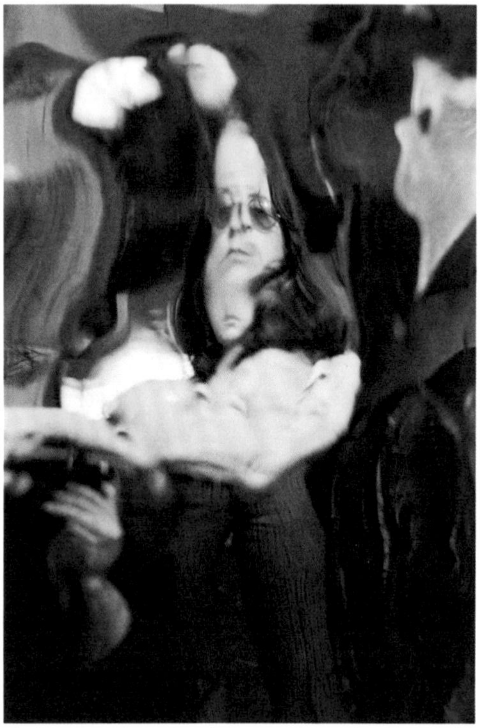

5

6

8

9

3

4

1, 4, 7. EVA, NOVA YORK, 1969-1970
TIRAGENS ORIGINAIS DO AUTOR/GELATINA E PRATA
ACERVO INSTITUTO MOREIRA SALLES

2, 3, 5, 6, 8–12. EVA, NOVA YORK, 1969-1970
TIRAGENS CONTEMPORÂNEAS SEM SUPERVISÃO DO AUTOR/
GELATINA E PRATA. ACERVO INSTITUTO MARIO CRAVO NETO/
INSTITUTO MOREIRA SALLES

7

10

11

EVA, NOVA YORK, 1969-1970
TIRAGENS CONTEMPORÂNEAS SEM SUPERVISÃO DO AUTOR/GELATINA E PRATA
ACERVO INSTITUTO MARIO CRAVO NETO/INSTITUTO MOREIRA SALLES

# FAMÍLIA ACIDENTE DINAMARCA

“Arte é vida quando ela deixa de ser uma vitrine e passa a ser um recanto da casa.”

—M.C.N.

Da rua para a intimidade. Do urbano para a paisagem natural. O acidente e a afirmação da fotografia. Fotografar a família era um hábito de toda a vida, percorreu sua trajetória do começo ao fim. Em 31 de maio de 1975, Mario Cravo Neto sofreu um acidente de carro que o deixou imobilizado por quase um ano. A impossibilidade de deslocar-se ao longo da recuperação significou, para muitos, uma virada definitiva em direção à fotografia e a um tipo de encenação no estúdio que viria a se consolidar com os retratos posteriores em fundo infinito. O vídeo *Luz e sombra*, feito ainda no hospital, é marca de uma virada introspectiva. Que se desdobrará de forma magistral na série feita em seguida na Dinamarca.

MARIO E CHRISTIAN CRAVO,
BOCA DO RIO, SALVADOR, BAHIA, 1974 (AUTORIA: VICENTE SAMPAIO)

TIRAGENS ORIGINAIS DO AUTOR/GELATINA E PRATA
COLEÇÃO CHRISTIAN CRAVO

LUA DIANA E CHRISTIAN CRAVO,
AQUÁRIO DE CHARLOTTENLUND, DINAMARCA, 1976

AUTORRETRATO DE MARIO E EVA,
46 GRAND ST., SOHO, NOVA YORK, 1969

EVA, MARIO E LUA DIANA CRAVO, SÃO GONÇALO, BAHIA, 1974
(AUTORIA: VICENTE SAMPAIO)

TIRAGENS ORIGINAIS DO AUTOR/GELATINA E PRATA
COLEÇÃO CHRISTIAN CRAVO

MARIO E LUA DIANA CRAVO, SÃO GONÇALO, BAHIA, 1974
(AUTORIA: VICENTE SAMPAIO)

CARRO DE MARIO APÓS O ACIDENTE, BAHIA, 1975 [PP. 108-111]
TIRAGENS DIGITAIS CONTEMPORÂNEAS SEM SUPERVISÃO DO AUTOR
ACERVO INSTITUTO MARIO CRAVO NETO/INSTITUTO MOREIRA SALLES

RAIO X DE MARIO APÓS O ACIDENTE, BAHIA, 1975 [PP. 112-115]
TIRAGENS DIGITAIS CONTEMPORÂNEAS SEM SUPERVISÃO DO AUTOR
ACERVO INSTITUTO MARIO CRAVO NETO/INSTITUTO MOREIRA SALLES

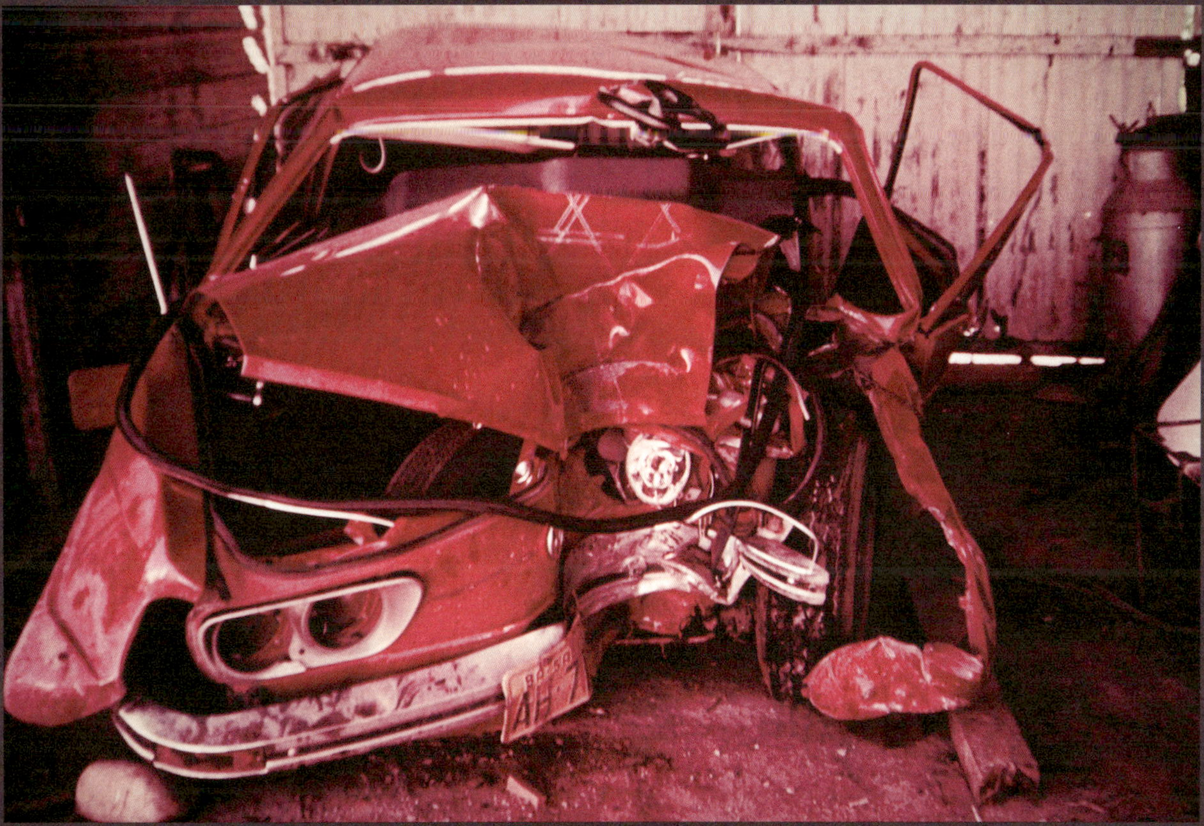

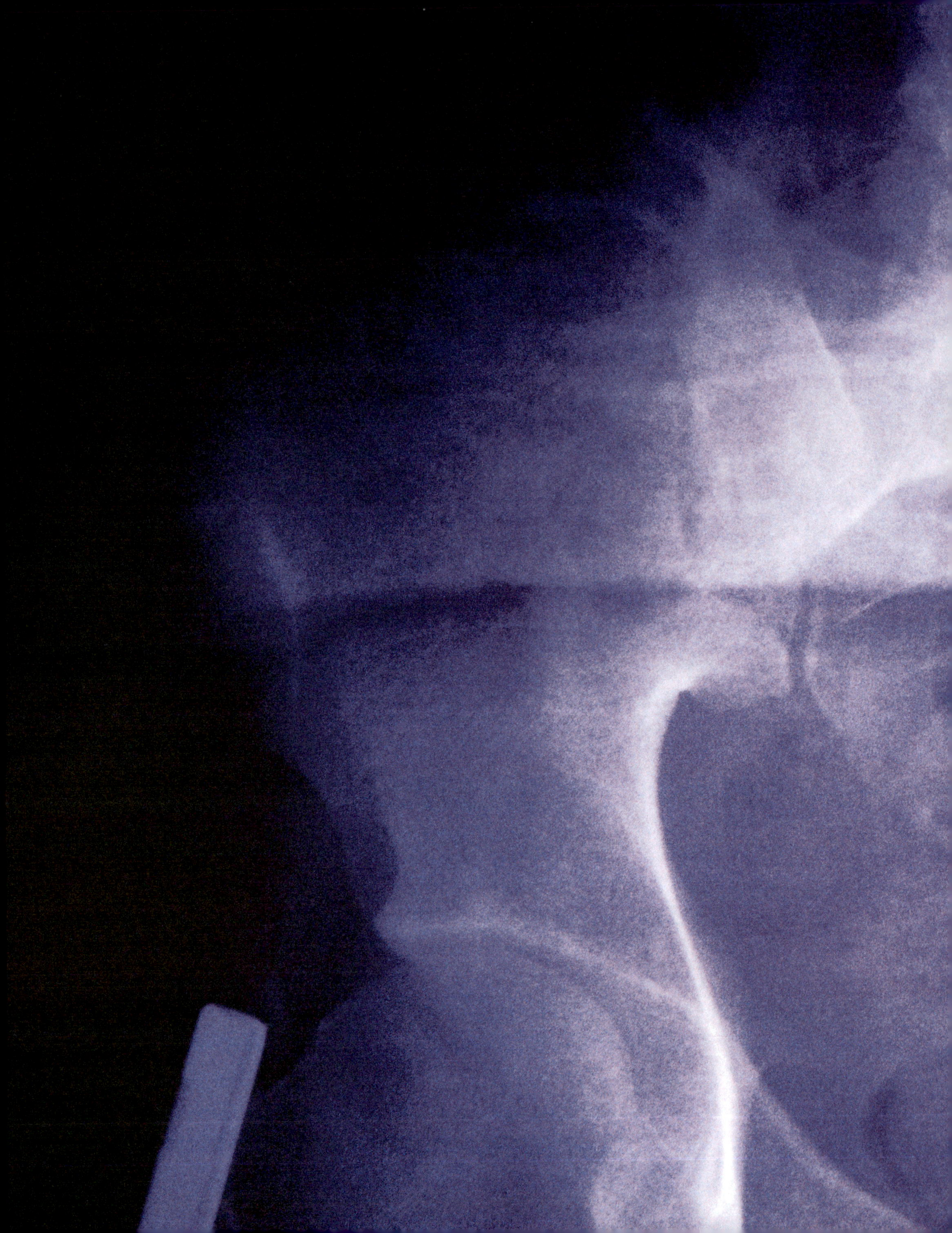

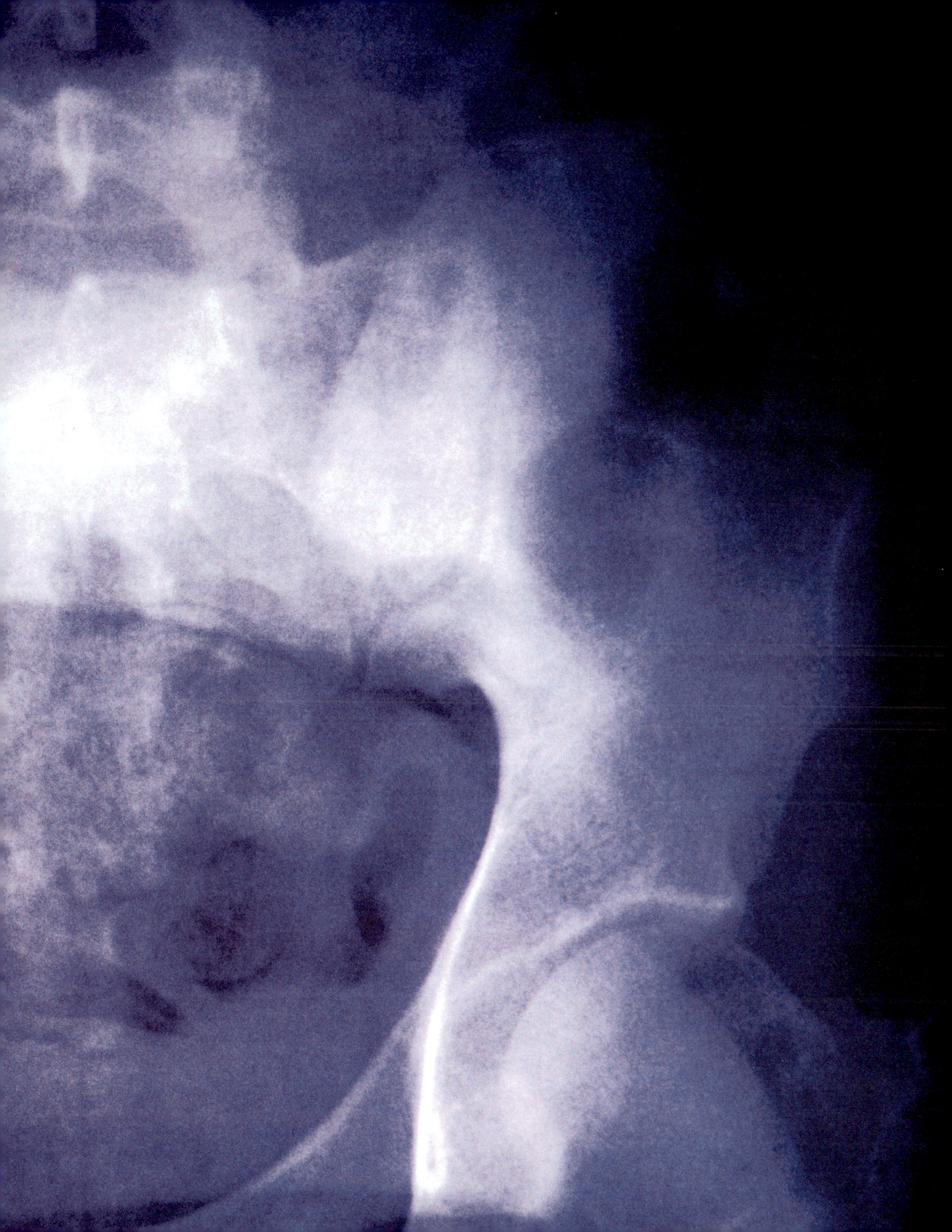

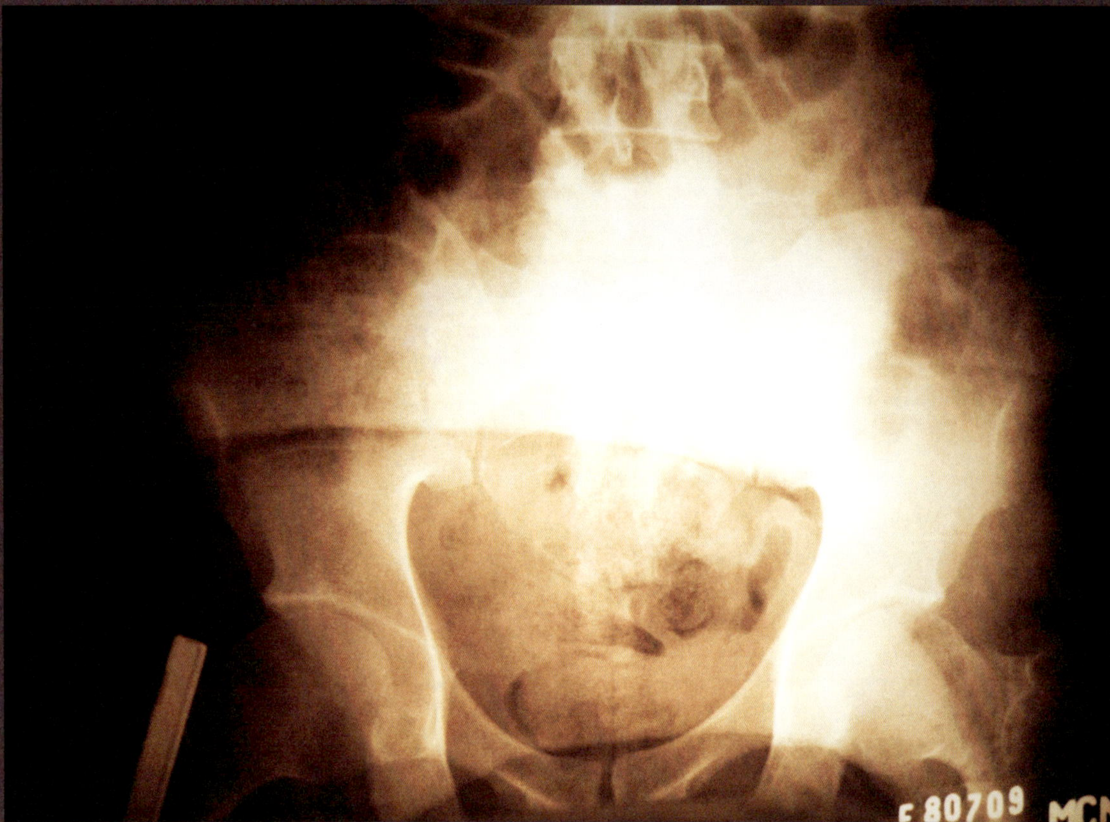
80709

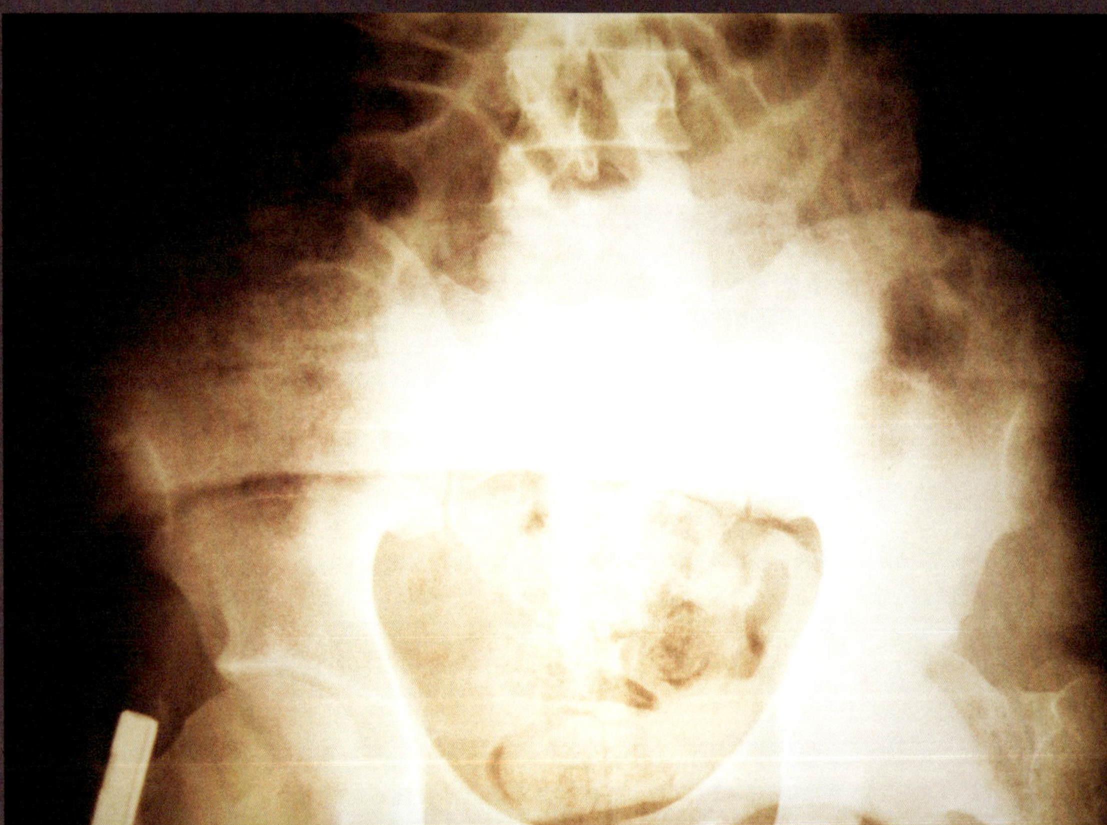

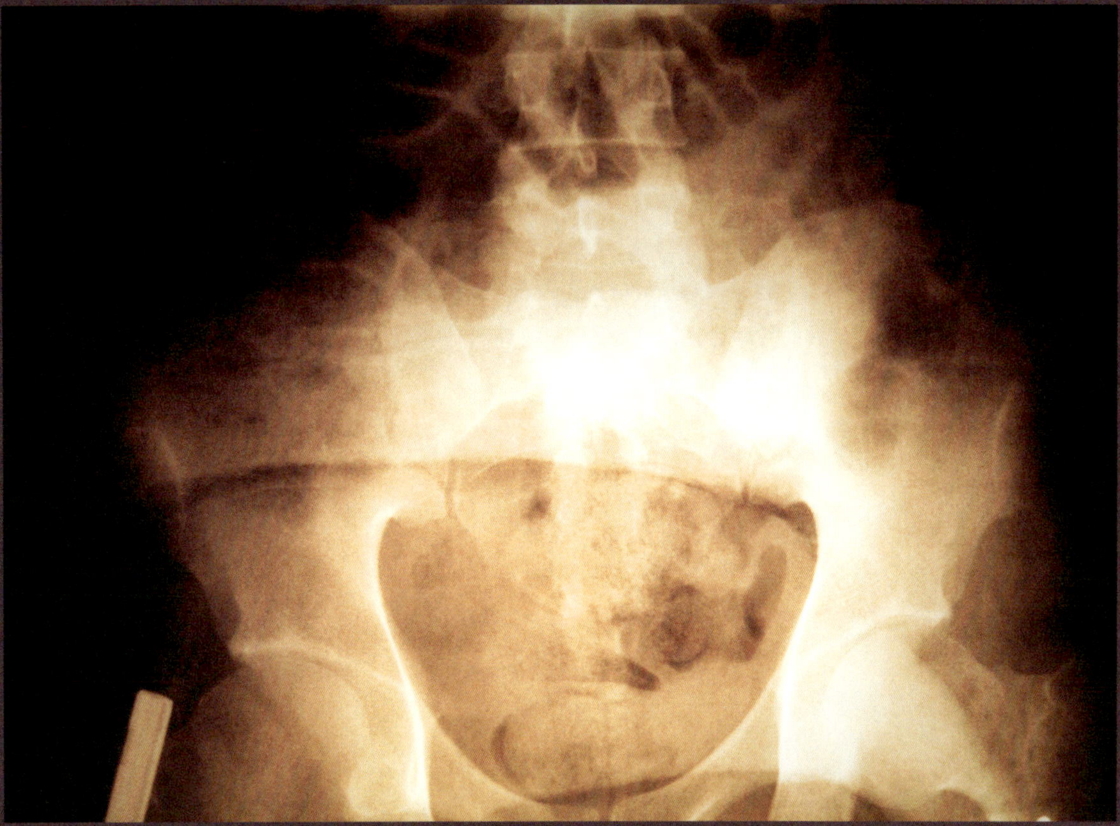

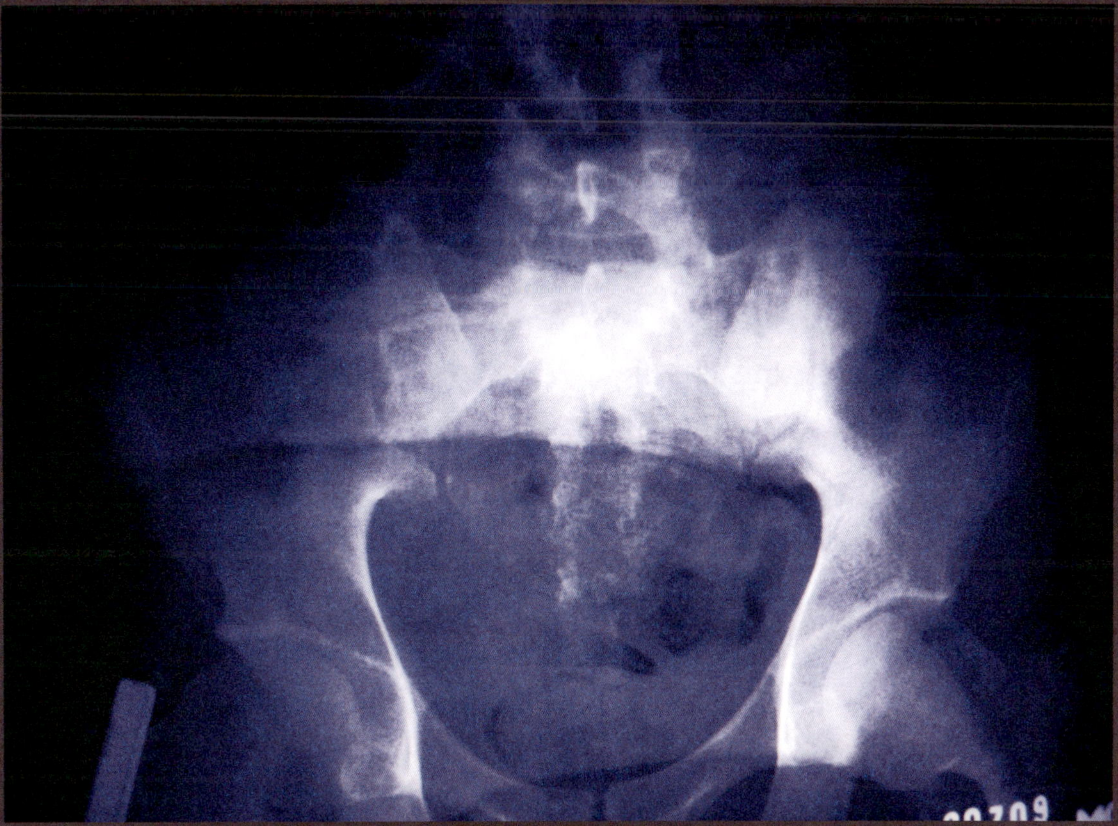

PÁGINAS DO ÁLBUM DE RECORTES E COLAGENS
FEITO APÓS O ACIDENTE, BAHIA, 1975 [PP. 116-119]
ACERVO INSTITUTO MARIO CRAVO NETO

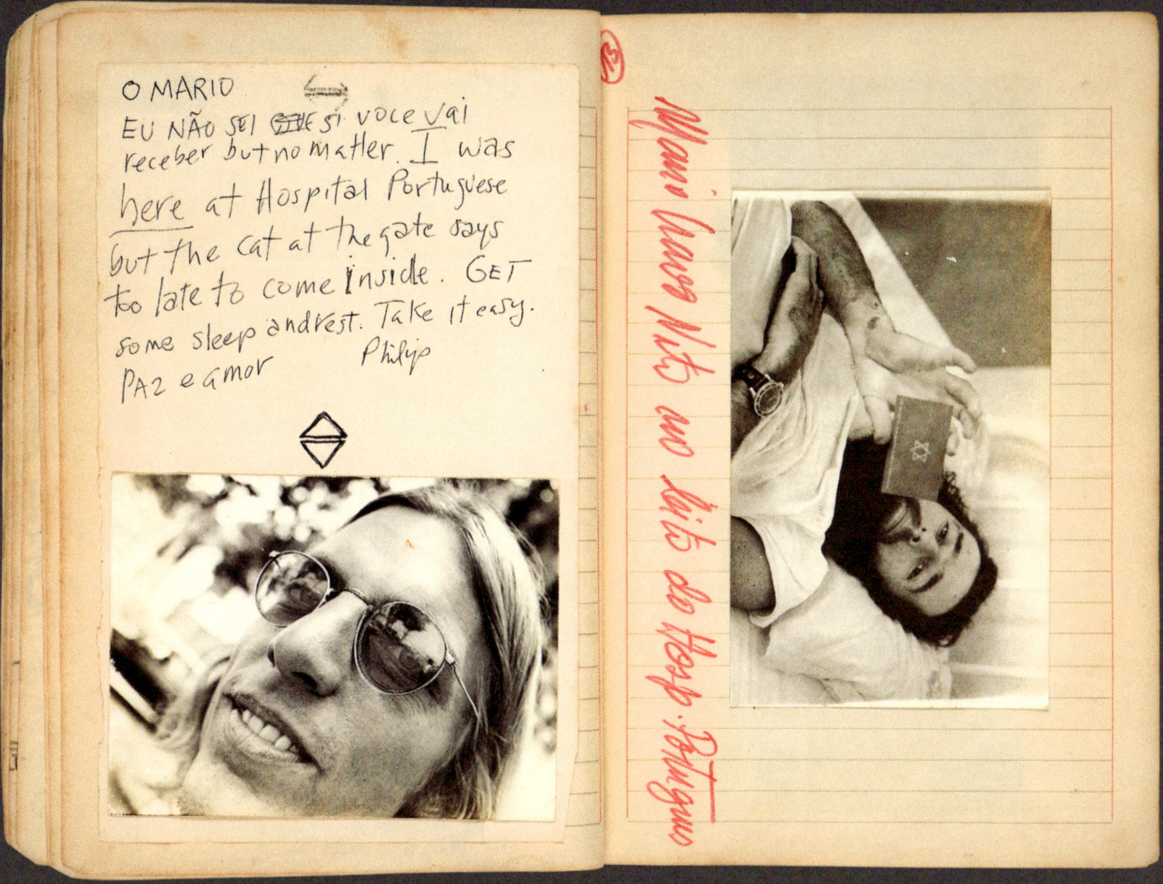
O MARIO
EU NÃO SEI [struck-through word] SI VOCE VAI
receber but no matter. I was
here at Hospital Portuguese
but the cat at the gate says
too late to come inside. GET
some sleep and rest. Take it easy.
PAZ e amor
Philip

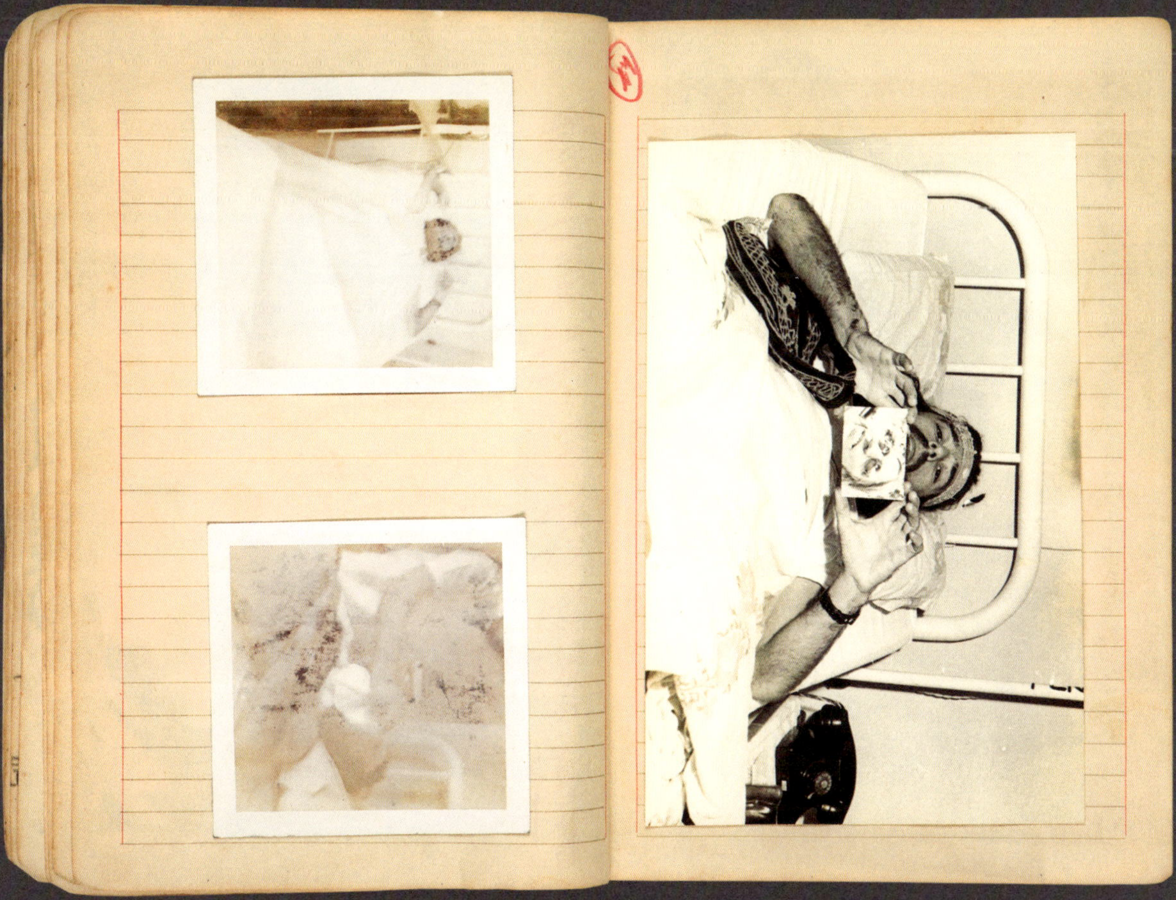

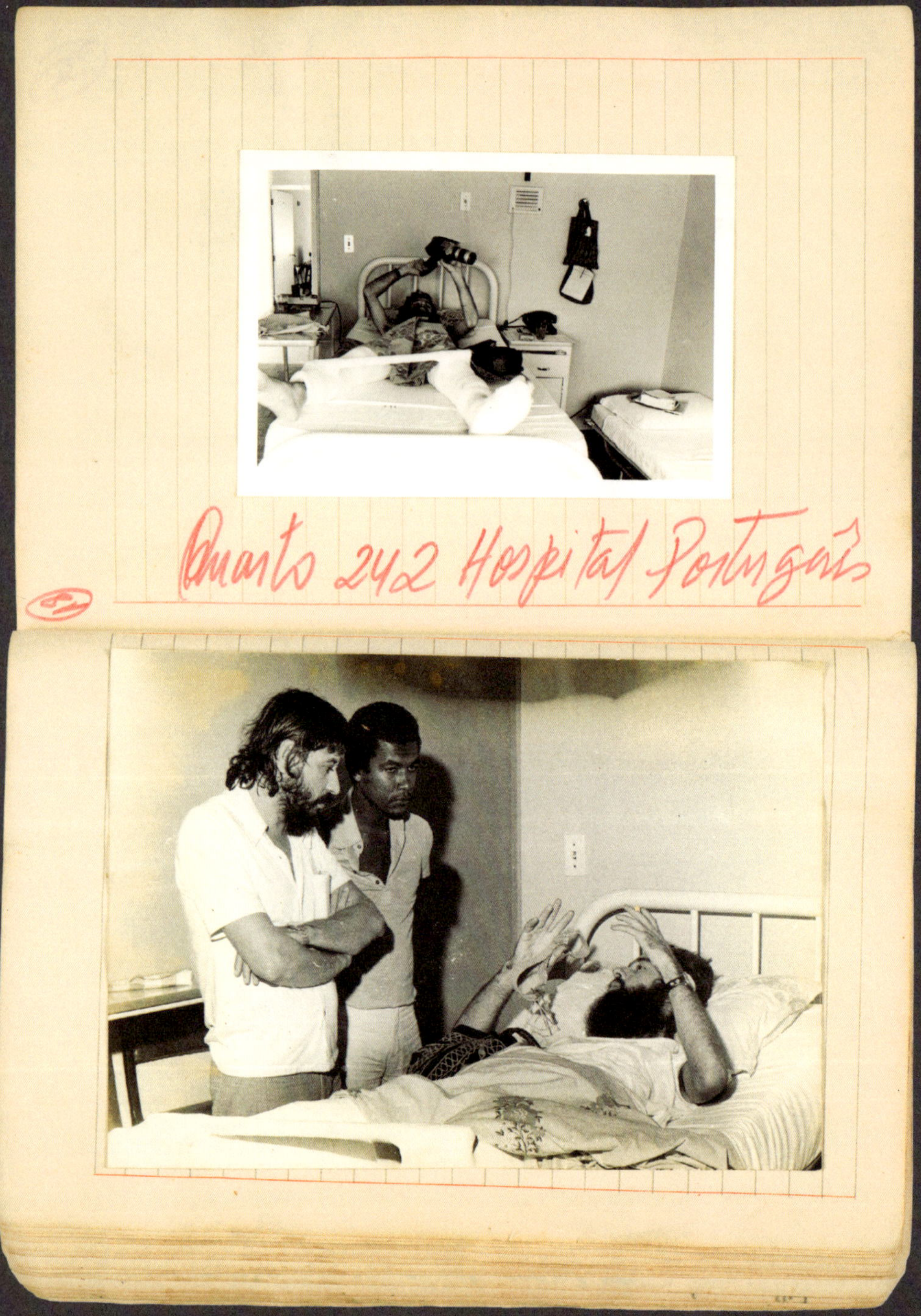
Quarto 242 Hospital Português

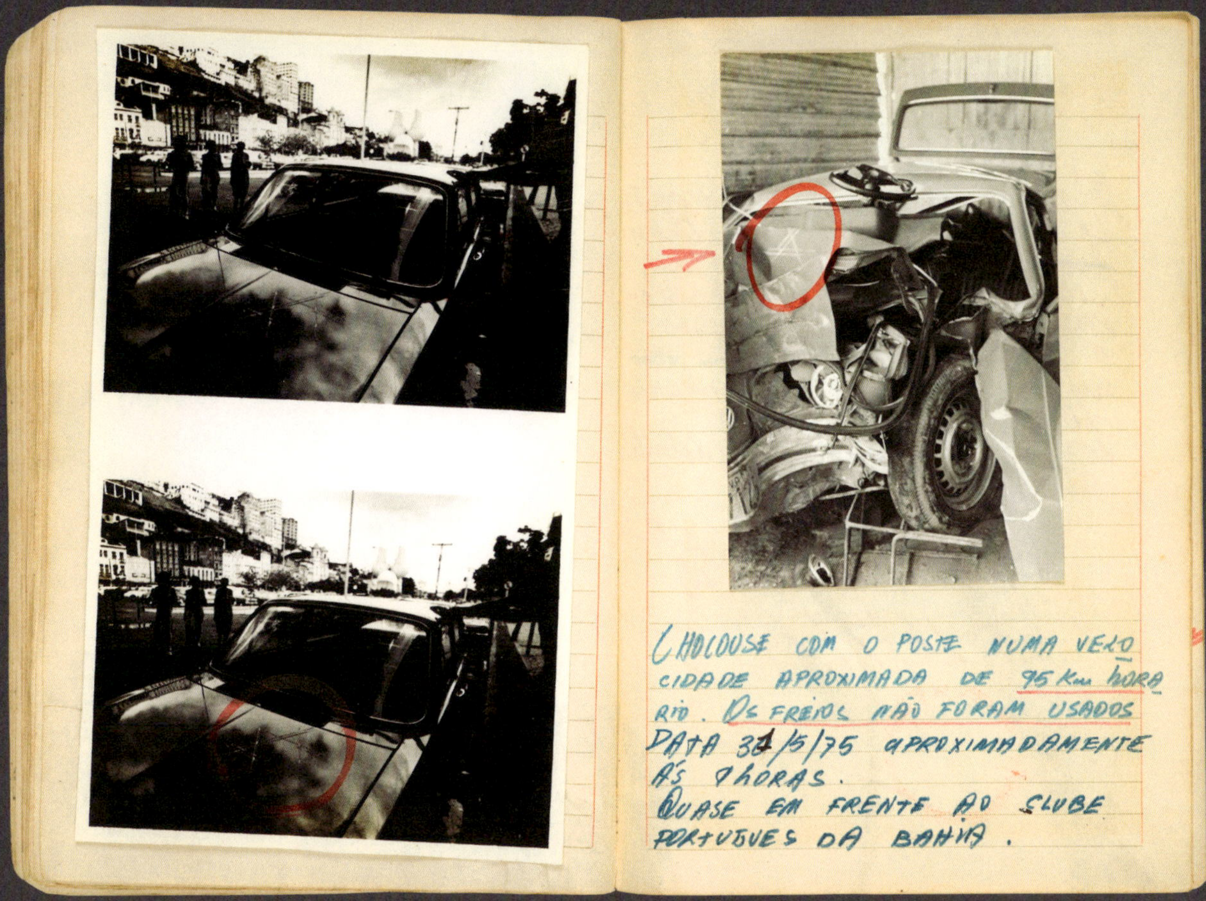


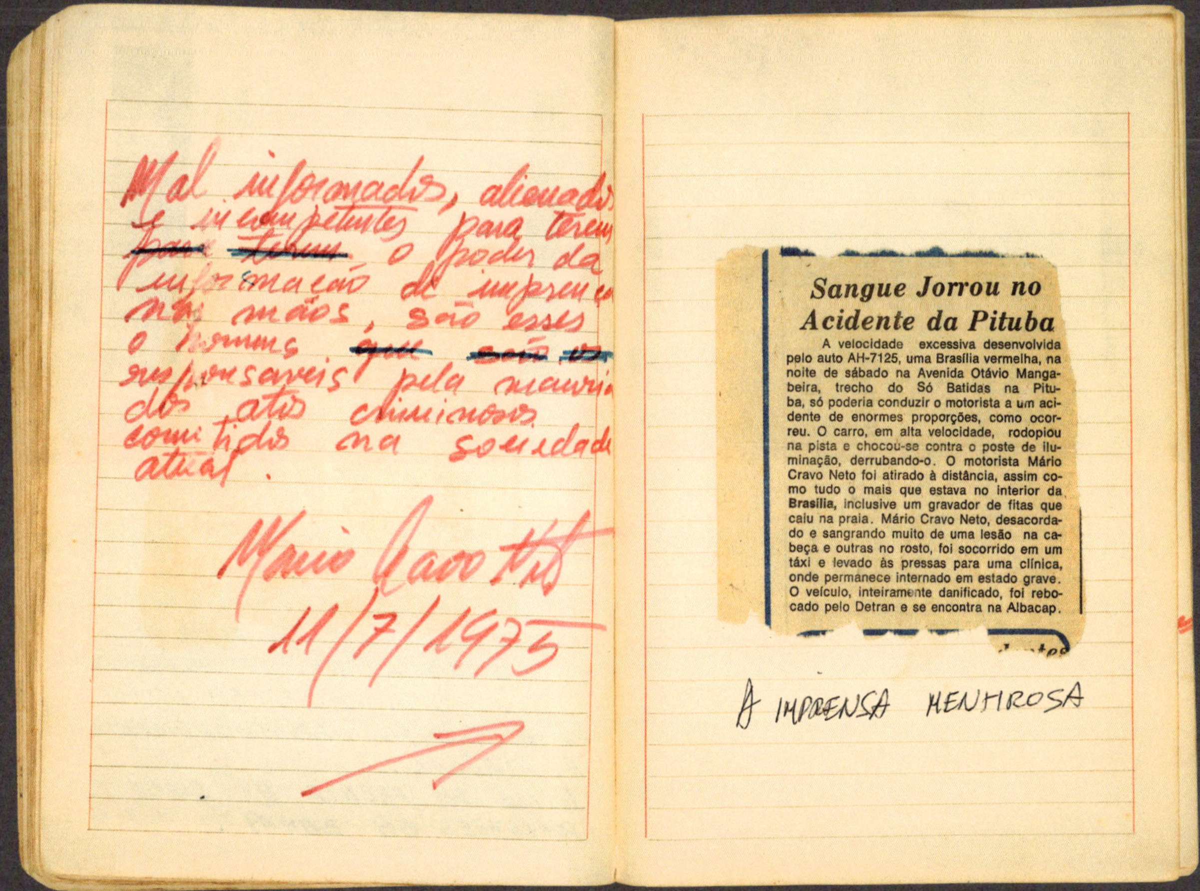


## Sangue Jorrou no Acidente da Pituba

A velocidade excessiva desenvolvida pelo auto AH-7125, uma Brasília vermelha, na noite de sábado na Avenida Otávio Mangabeira, trecho do Só Batidas na Pituba, só poderia conduzir o motorista a um acidente de enormes proporções, como ocorreu. O carro, em alta velocidade, rodopiou na pista e chocou-se contra o poste de iluminação, derrubando-o. O motorista Mário Cravo Neto foi atirado à distância, assim como tudo o mais que estava no interior da **Brasília**, inclusive um gravador de fitas que caiu na praia. Mário Cravo Neto, desacordado e sangrando muito de uma lesão na cabeça e outras no rosto, foi socorrido em um táxi e levado às pressas para uma clínica, onde permanece internado em estado grave. O veículo, inteiramente danificado, foi rebocado pelo Detran e se encontra na Albacap.

CÂMERA DE MARIO APÓS O ACIDENTE, BAHIA, 1975
TIRAGEM DIGITAL CONTEMPORÂNEA SEM SUPERVISÃO DO AUTOR
ACERVO INSTITUTO MARIO CRAVO NETO/INSTITUTO MOREIRA SALLES

MARIO DURANTE A INTERNAÇÃO APÓS O ACIDENTE DE CARRO, BAHIA, 1975
TIRAGENS CONTEMPORÂNEAS SEM SUPERVISÃO DO AUTOR/GELATINA E PRATA
ACERVO INSTITUTO MARIO CRAVO NETO/INSTITUTO MOREIRA SALLES

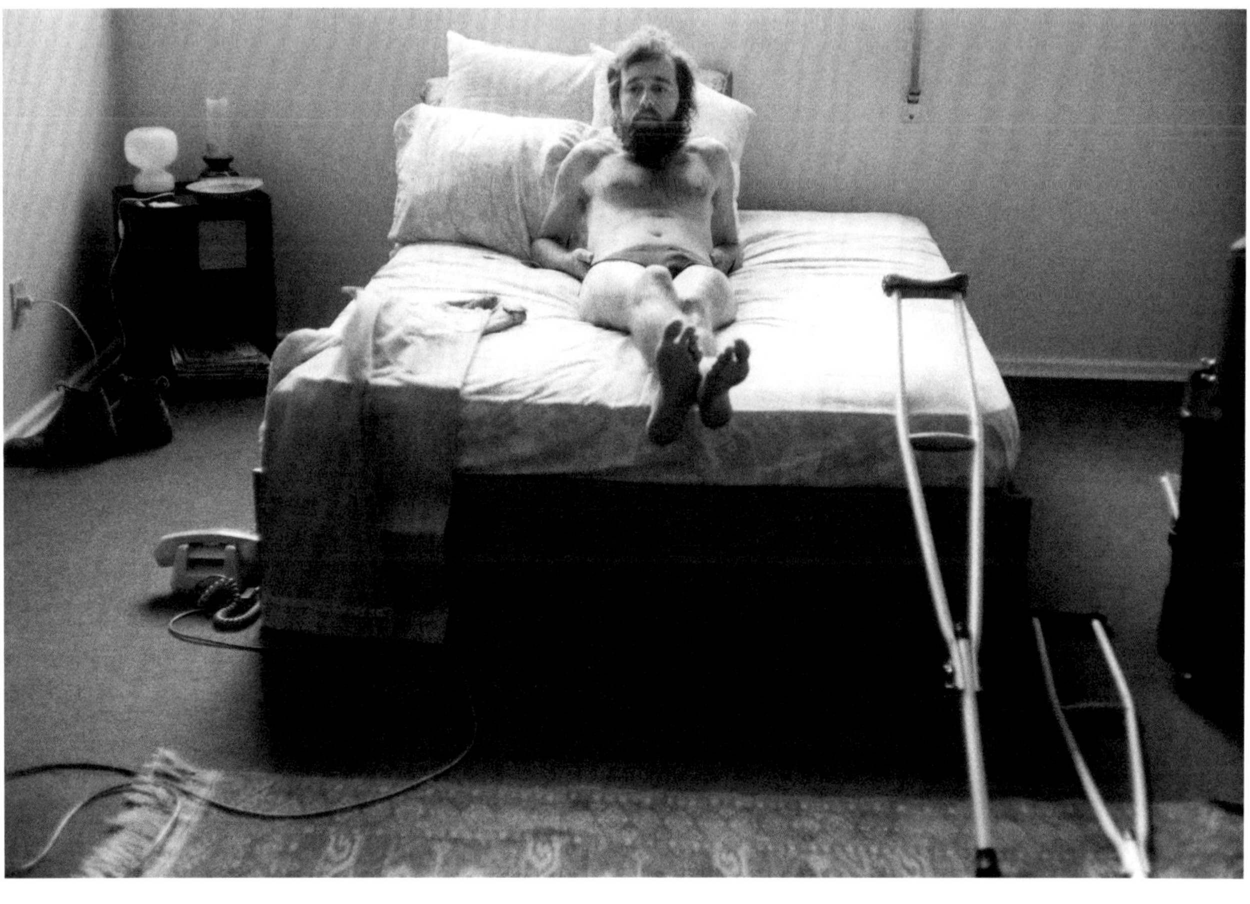

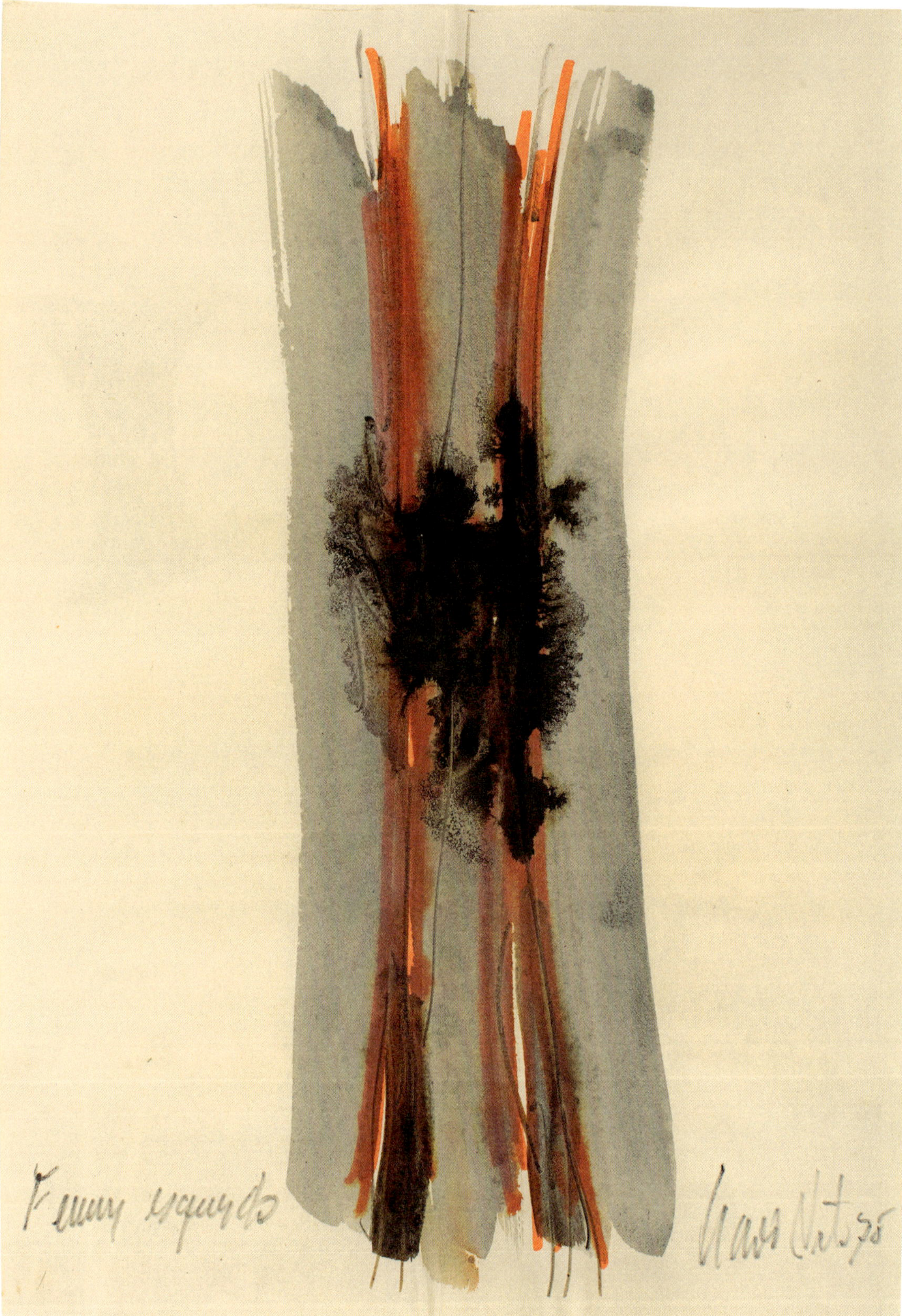

FÊMUR, 1975 [PP. 122-125]
AQUARELAS, CARVÃO E LÁPIS SOBRE PAPEL
COLEÇÃO EVA CHRISTENSEN

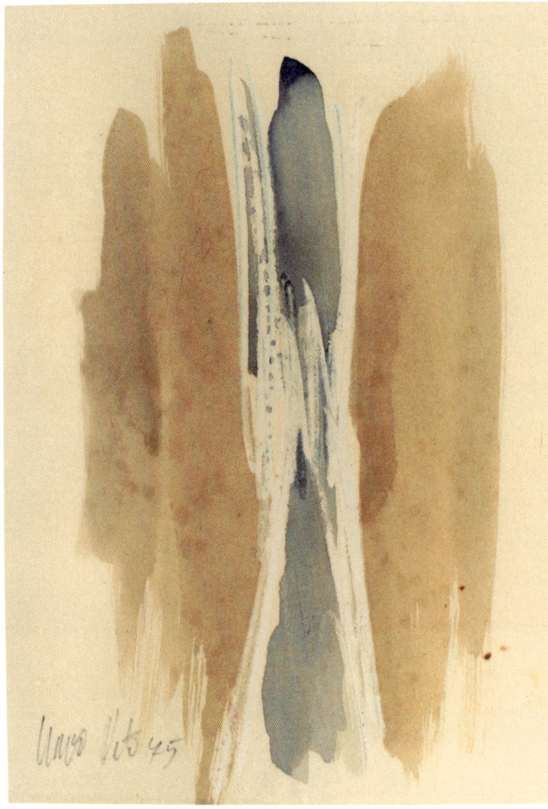

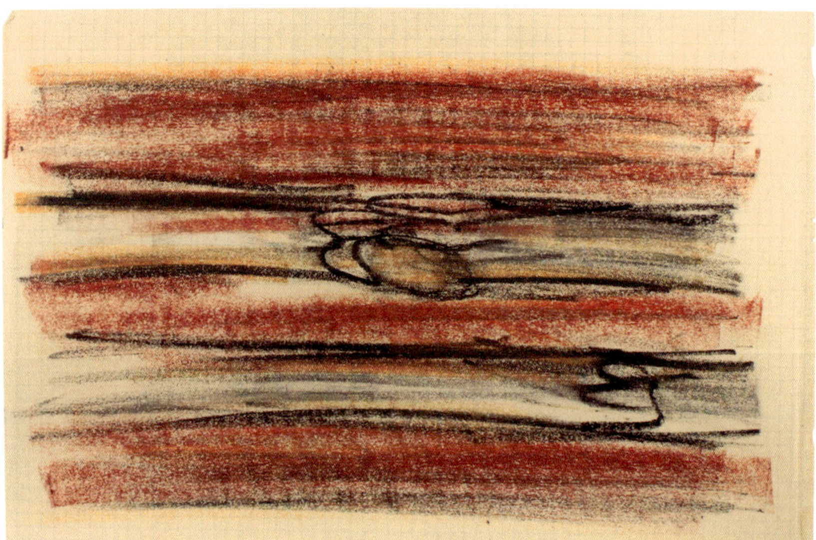

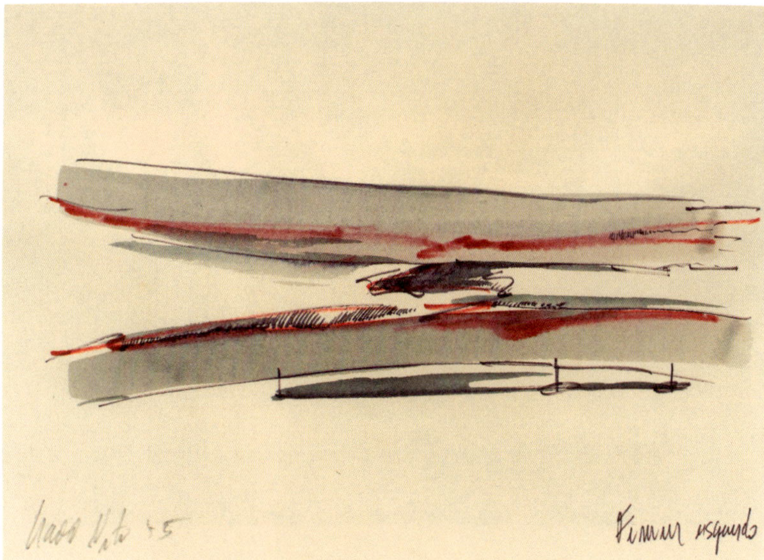

Acidente de carro! Elemento 1
Nikon
Destruição da máquina

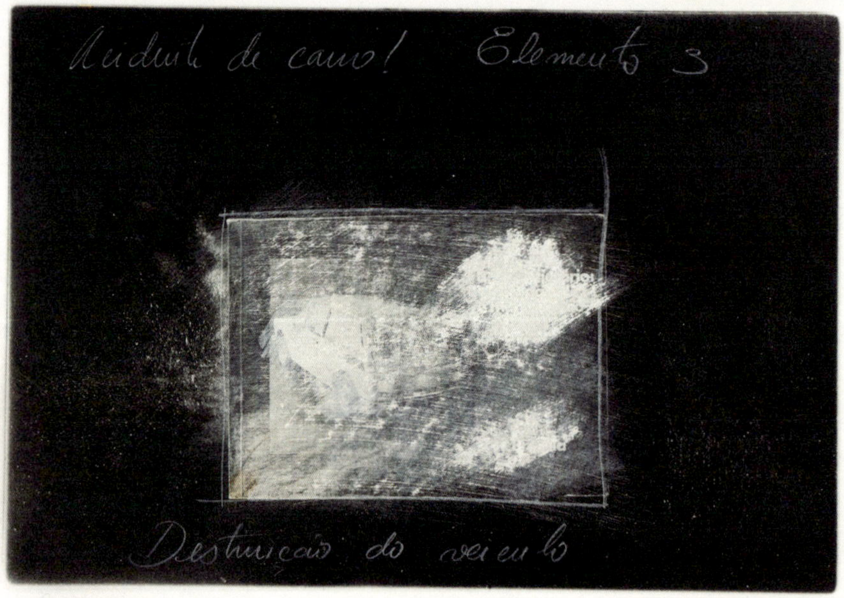
Acidente de carro! Elemento 3
Destruição do veículo

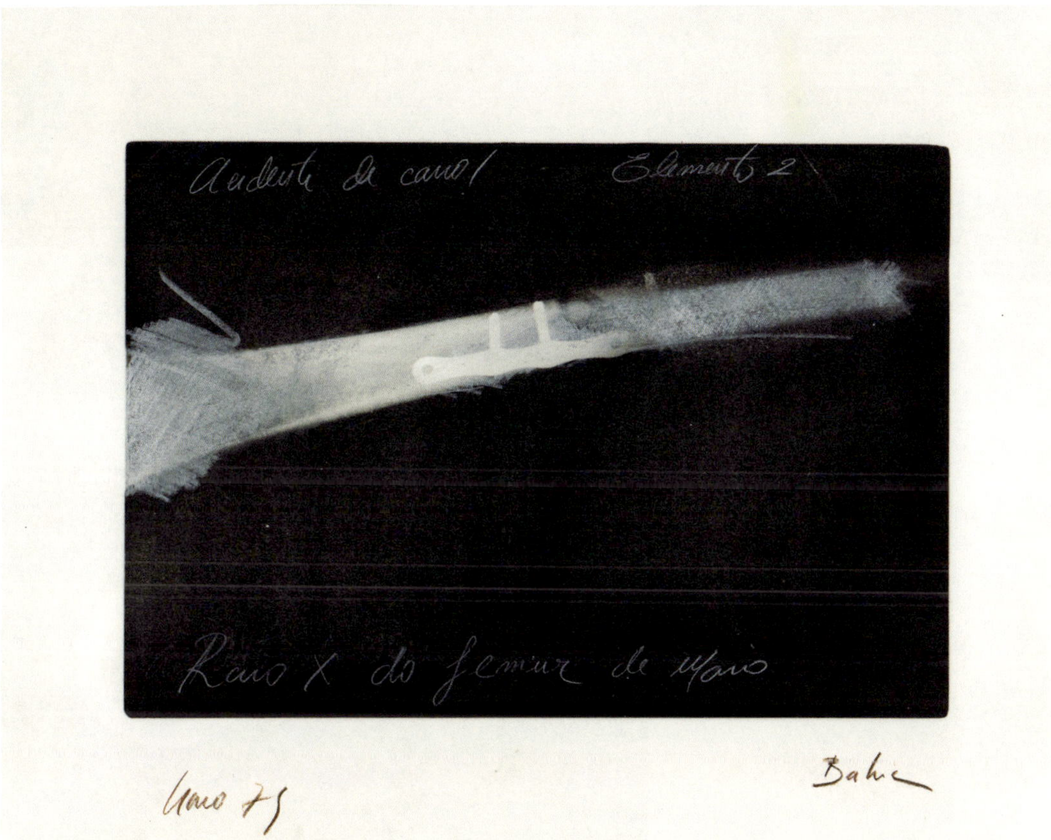


ACIDENTE DE CARRO—ELEMENTO 1: DESTRUIÇÃO DA MÁQUINA, 1975
ACIDENTE DE CARRO—ELEMENTO 2: RAIO X DO FÊMUR DE MARIO, 1975
ACIDENTE DE CARRO—ELEMENTO 3: DESTRUIÇÃO DO VEÍCULO, 1975
LÁPIS DE COR SOBRE FOTOGRAFIA EM GELATINA E PRATA
ACERVO INSTITUTO MARIO CRAVO NETO

LUZ E SOMBRA, 1976 [PP. 128-129]
8MM, 7'50'', COR. ACERVO INSTITUTO MARIO CRAVO NETO

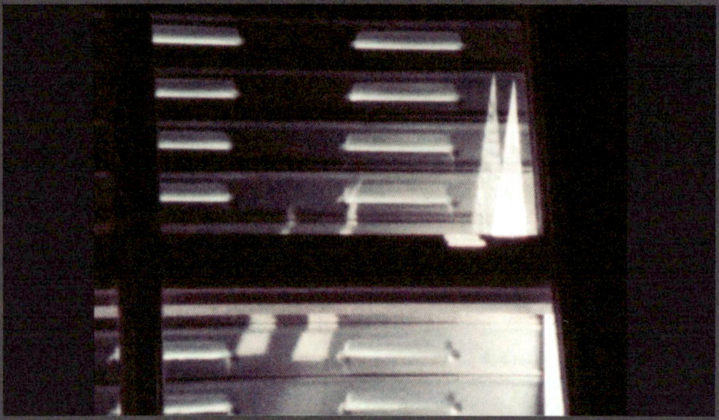

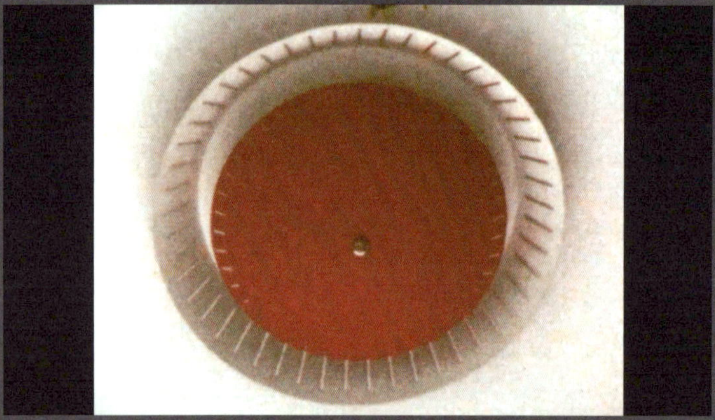

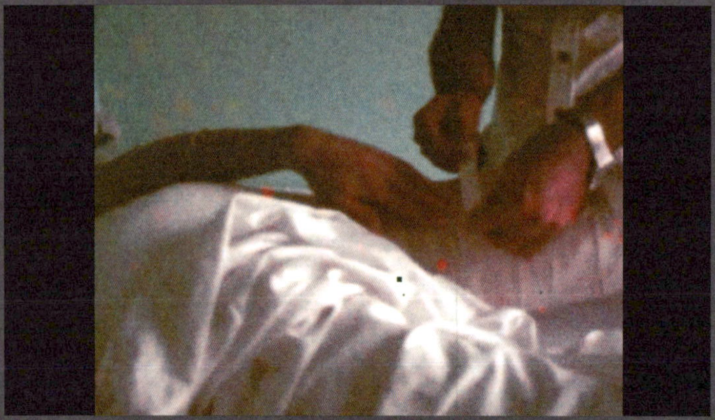
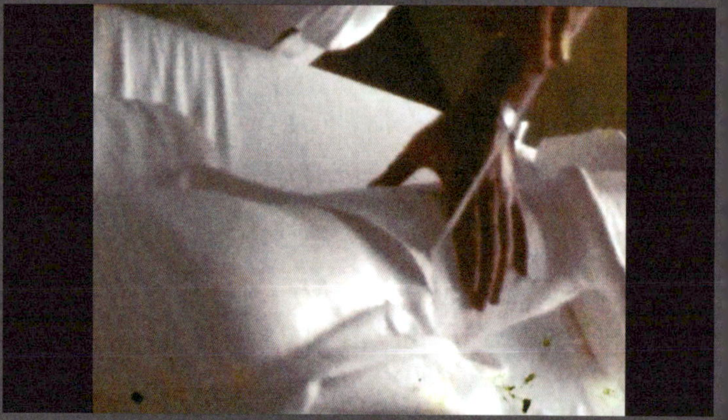

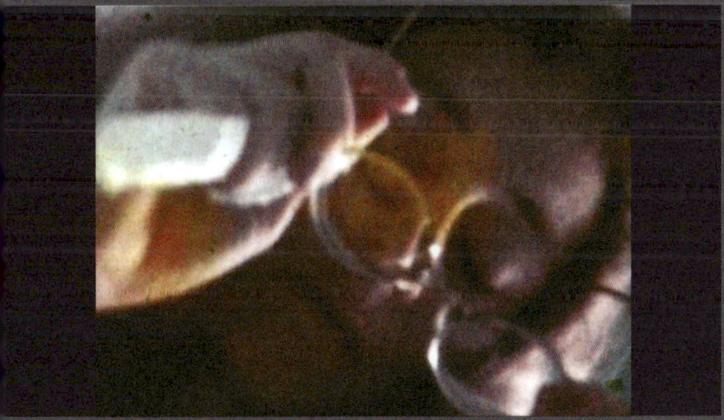
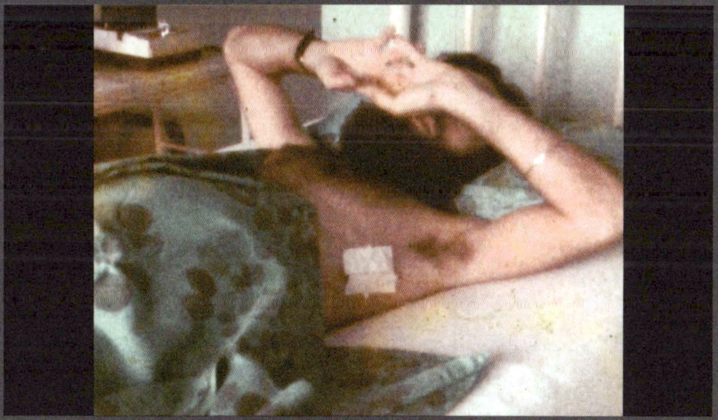

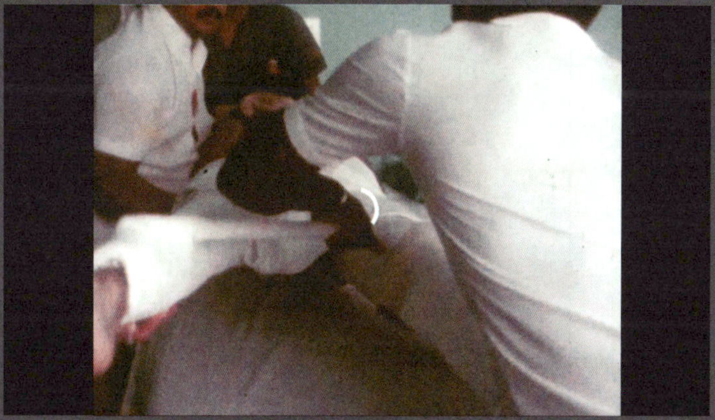

MARIO CRAVO NETO, NY HAMMERSHOLT
(AUTORIA: EVA CHRISTENSEN)

DINAMARCA, 1976 [PP. 130-149]
TIRAGENS CONTEMPORÂNEAS SEM SUPERVISÃO DO AUTOR/GELATINA E PRATA
ACERVO INSTITUTO MARIO CRAVO NETO/INSTITUTO MOREIRA SALLES

NY HAMMERSHOLT



NY HAMMERSHOLT [P. 131]

JENS CHRISTIAN VOLTANDO PARA CASA NA HORA DO ALMOÇO

KNUD WIENBERG

RAVNSHOLTVEJ, ALLERØD

ESTRADA ENTRE NY HAMMERSHOLT E ALLERØD

KIRSTINE E KNUD WIENBERG EM SEU JARDIM, NY HAMMERSHOLT



SEM TÍTULO [P. 135]
LUA DIANA E CHRISTIAN CRAVO, AQUÁRIO DE CHARLOTTENLUND [PP. 136-137]

KRISTINE E KNUD WIENBERG EM SEU JARDIM,
NY HAMMERSHOLT

CHRISTIAN COM KRISTINE, SUA AVÓ, E O MARIDO,
KNUD WIENBERG, NY HAMMERSHOLT

CHRISTINA, VIZINHA DA FAMÍLIA DE EVA,
NY HAMMERSHOLT

VIBEKE SCHOUBY E SEU FILHO MARTIN, AMIGOS DE EVA, HERLEV

LUA E CHRISTIAN COM JENS CHRISTIAN, PAI DE EVA, E SUA MULHER, INGE CHRISTENSEN, ALLERØD

KRISTINE, KNUD, LUA, CHRISTIAN, EVA, CHRISTINA E MARIO

LUA DIANA E CHRISTIAN CRAVO, AQUÁRIO DE CHARLOTTENLUND

JENS CHRISTIAN CHRISTENSEN, PAI DE EVA, NA FÁBRICA DE MÓVEIS FRITZ HANSEN

ALEMANHA, 1976
TIRAGEM CONTEMPORÂNEA SEM SUPERVISÃO DO AUTOR/GELATINA E PRATA
ACERVO INSTITUTO MARIO CRAVO NETO/INSTITUTO MOREIRA SALLES

COPENHAGUE

AQUÁRIO DE CHARLOTTENLUND

ESTAÇÃO DE TREM DE ALLERØD

JENS CHRISTIAN, PAI DE EVA

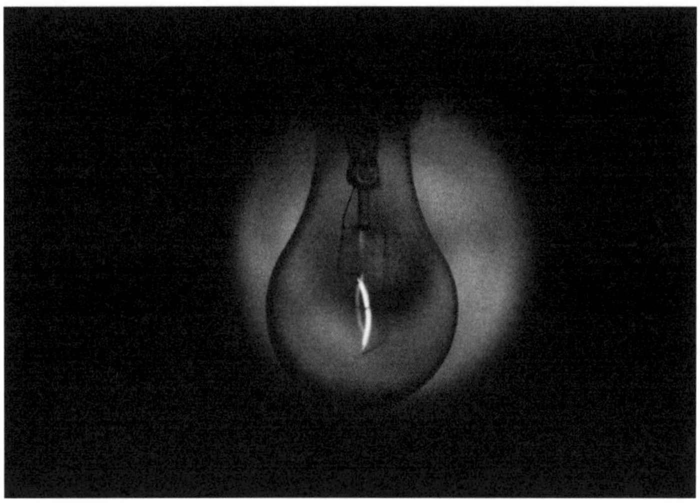

SEM TÍTULO

SEM TÍTULO



KRISTINE, MÃE DE EVA [P. 147]
NY HAMMERSHOLT [PP. 148-149]

# ETERNAL NOW

"No início (até 1984) eu estava preocupado com o aspecto contemplativo: o que o modelo (o olhar meio perdido) conseguia transmitir para mim, através do seu semblante. Depois fui mais eu a moldar os corpos: tensão, fuga, luta, desafios. Fragmentos sintetizados num perfil, pescoço, músculo, veia."

—M.C.N.

Confronto ou cumplicidade? Retrato do conhecido ou do desconhecido? Com essas duas perguntas, a crítica de fotografia Stefania Bril começa um dos seus textos sobre Cravo Neto. Elas explicitam a tensão inerente a essas fotografias em preto e branco. Talvez seja o caso de substituirmos a disjunção pela conjunção. É um e outro ao mesmo tempo. A construção desses retratos em fundo infinito está no centro da poética fotográfica de Cravo Neto. Há neles o interesse escultórico pela gravidade dos corpos e do fotógrafo pelos detalhes da expressão corporal. Luz e atmosfera. Monumentalidade. O olhar flutua entre a contenção e o desamparo.

*ETERNAL NOW* [PP. 152-173]
IMPRESSÕES EM PIGMENTO NATURAL 7K. ACERVO INSTITUTO MARIO CRAVO NETO

*BELISCO*, 1985

*BELISCO TORSO*, 1985

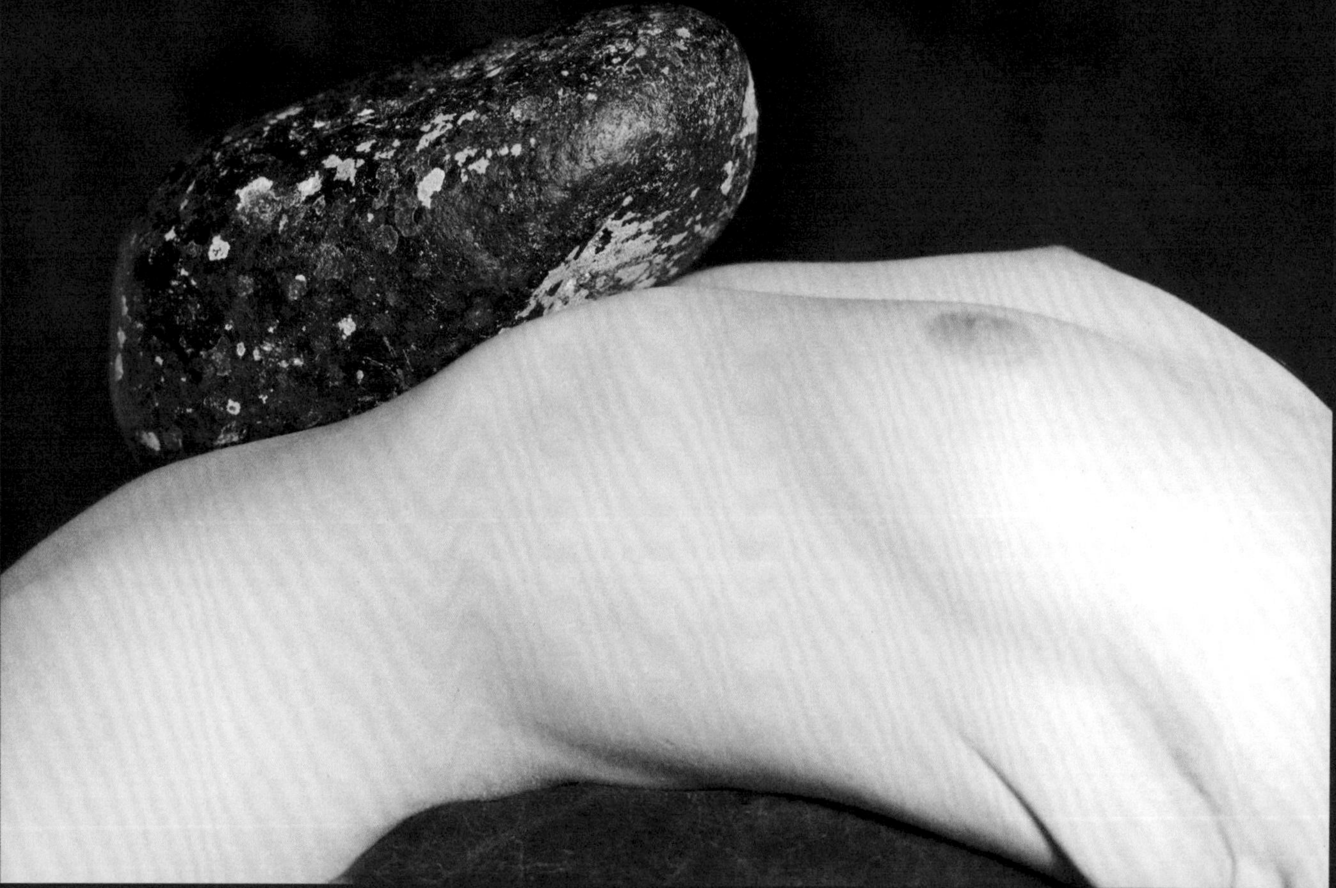

*TORSO COM PEDRA DO MAR*, 1990

*CORAÇÃO DE PEDRA*, 1990

*MANDALA*, 1989

*ODÉ*, 1989

*MONALISA*, 1989

*DEUS DO CAMINHO*, 1988

*CARLINHOS BROWN COMO EXU, 1996*

*HOMEM COM DOIS PEIXES*, 1992

JUNKO KAWASHIMA II, 1994

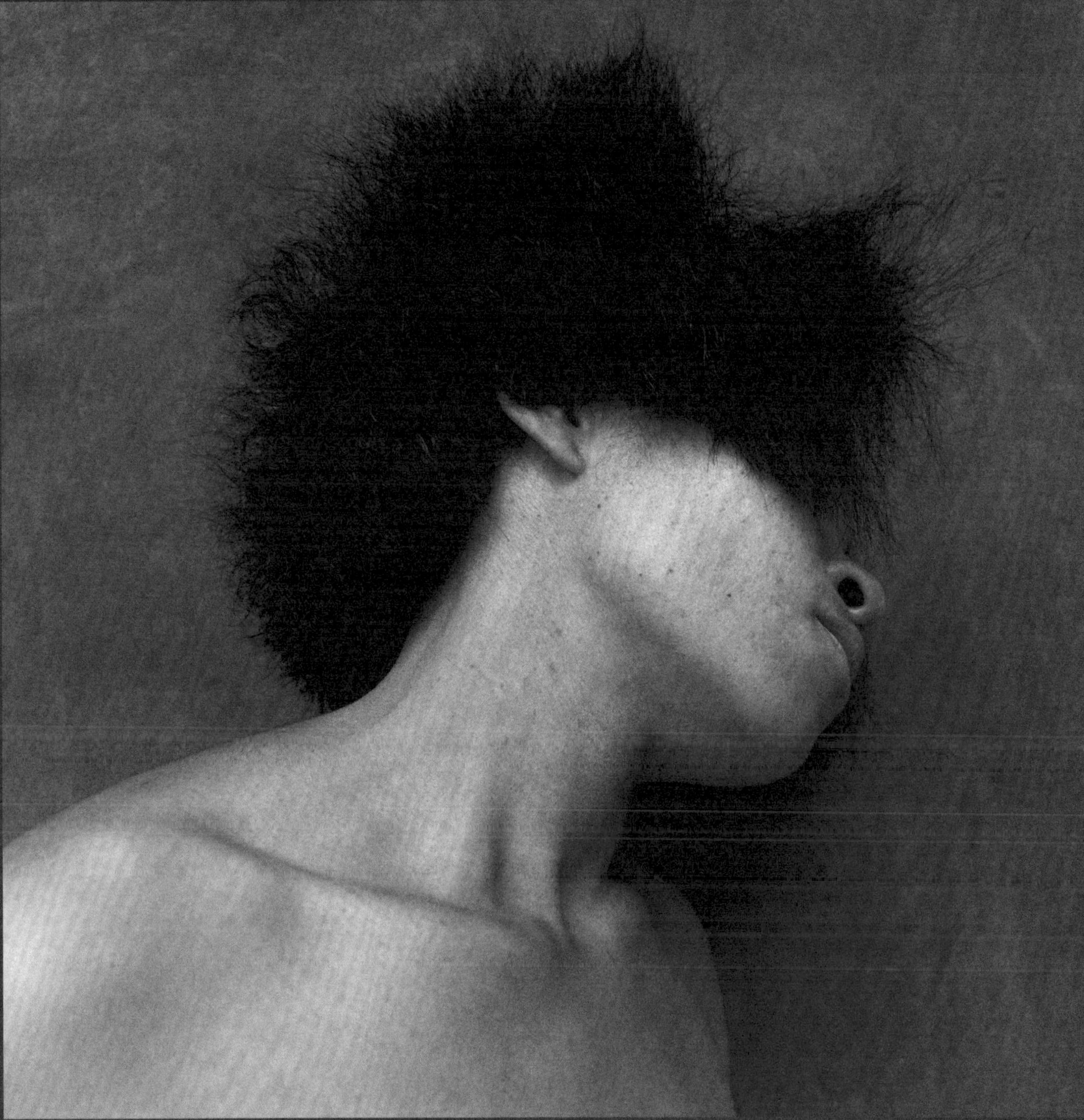

*MARIA*, 1983

*HOMEM COM POMBA BRANCA*, 1988

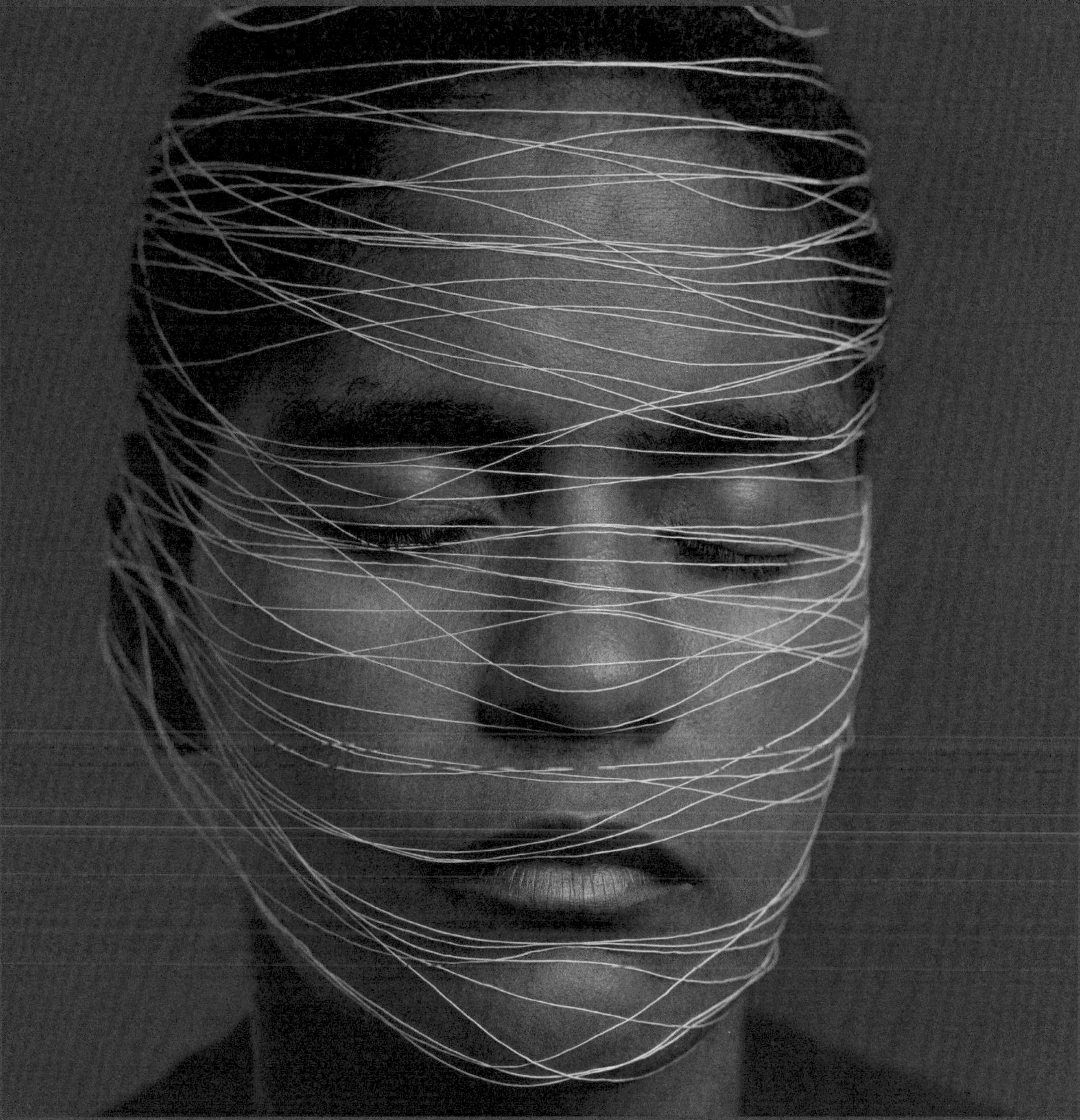

*LUCIANA*, 1994

*CHRISTIAN COM GATO*, 1985

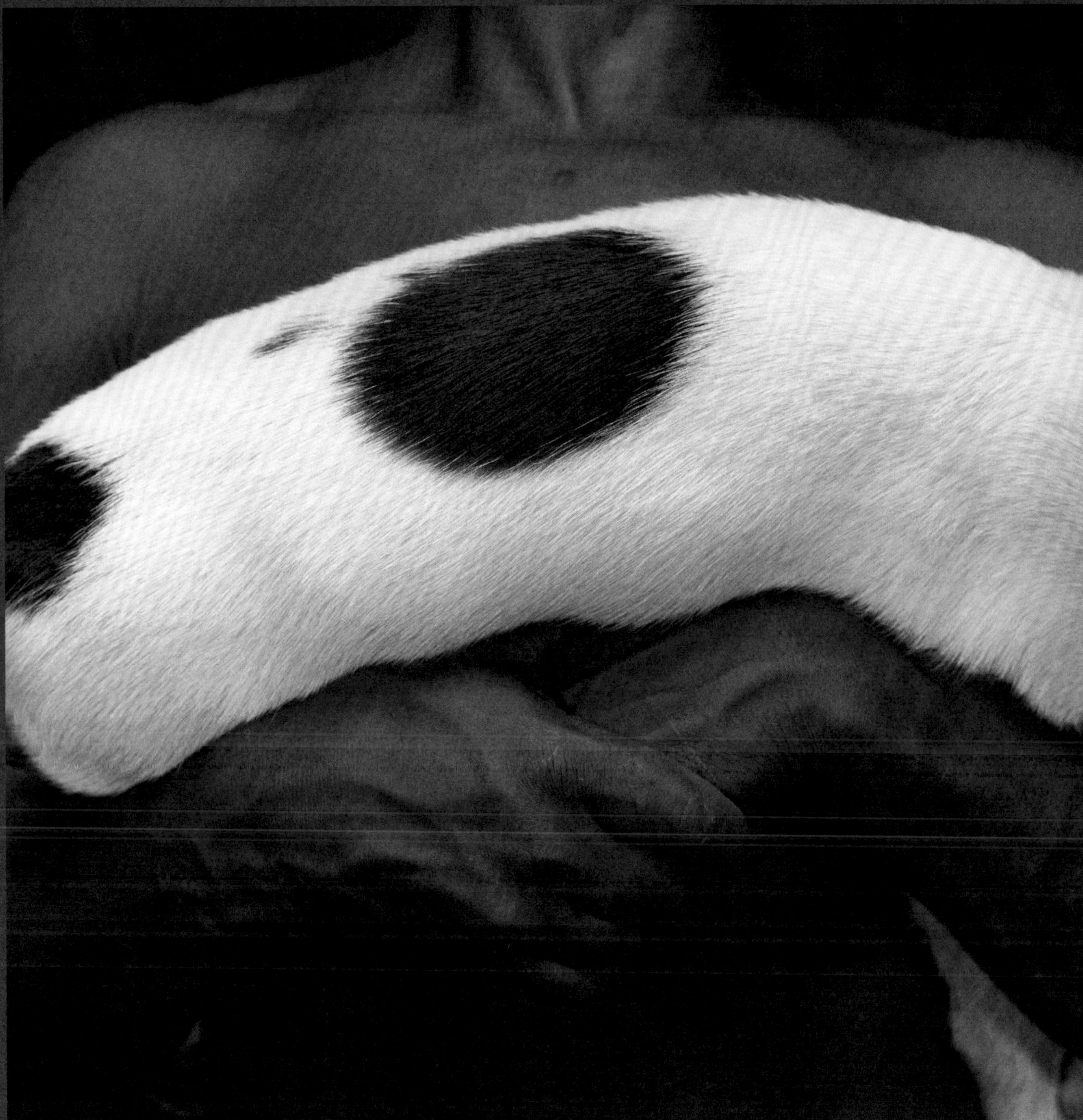

*TORSO COM CACHORRO*, 1993

*ÂNGELA NOS TRÓPICOS*, 1988

*CARIÁTIDES ANIMAL*, 1988

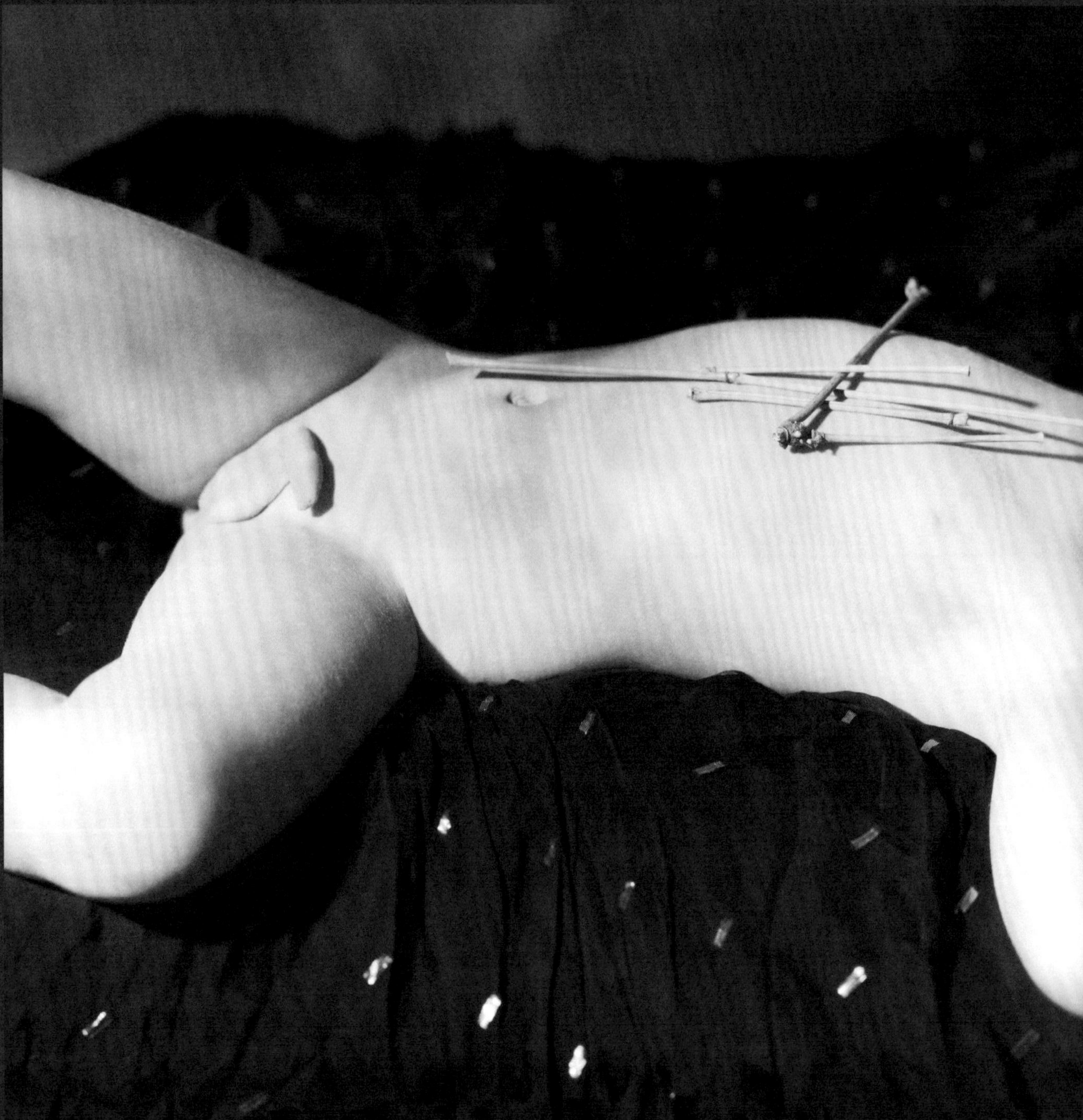

*LUKAS COM SETE MESES*, 1990

*MANDALA II*, 1994

*ÂNGELA NO PARAÍSO II*, 1993

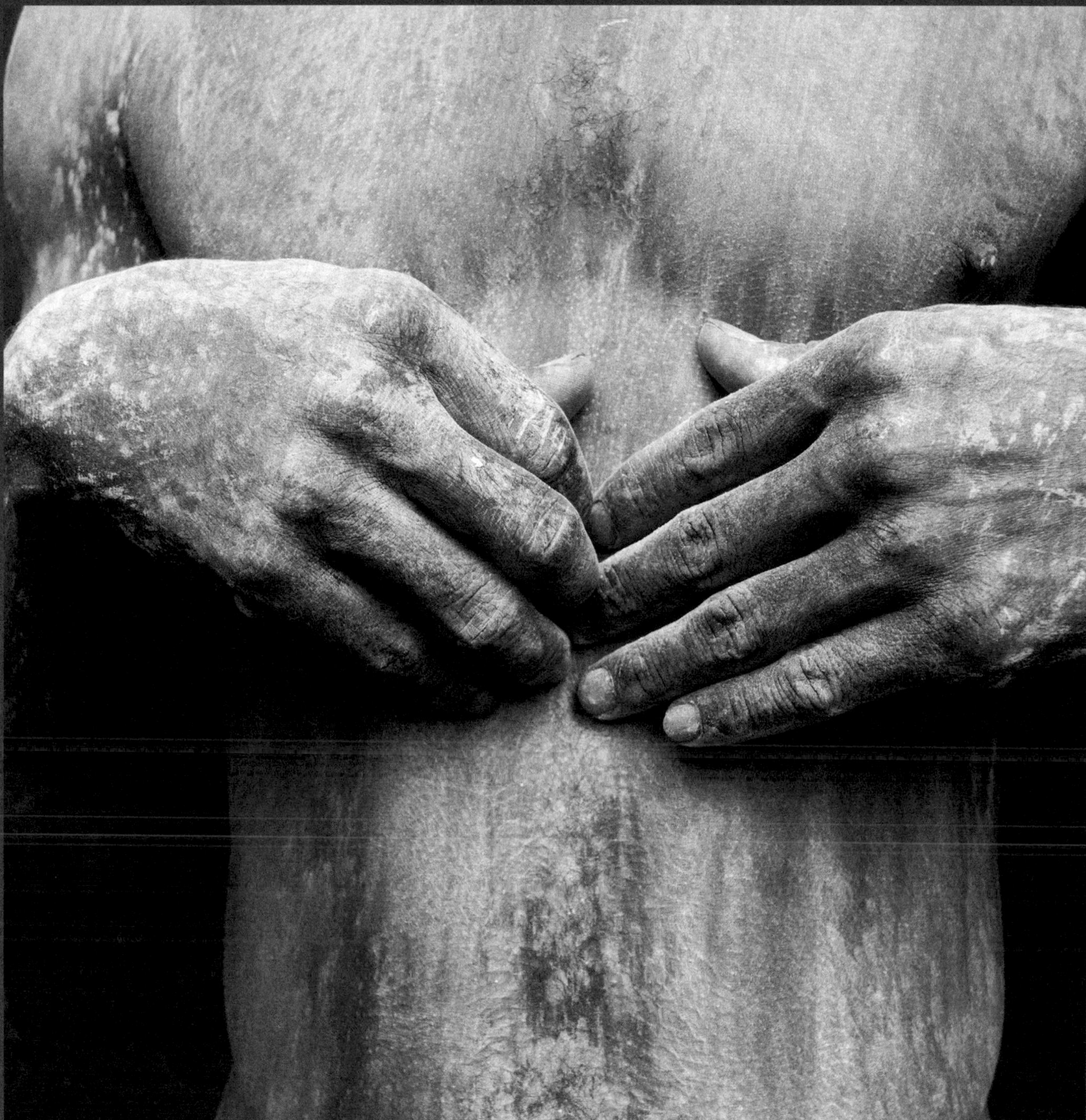

*TORSO COM CAL*, 1988

# LARÓYÈ
# BAHIA

"Mario Cravo Neto faz a dureza física da luz de Salvador passar pelo filtro da doçura espiritual que anima a cidade."

— CAETANO VELOSO

A cor, que já estava presente nas aquarelas e em algumas fotografias de Nova York, ganha nas ruas de Salvador uma vibração única. Ao mesmo tempo exasperada e contida, a cor é corpo, é arquitetura, é natureza. Ela atiça os contrastes, mas segura a intensidade luminosa. Não resta dúvida de que se trata de um dos grandes coloristas na história da arte contemporânea brasileira. Seus fotolivros, começando com *Bahia* (1980) e indo até *Laróyè* (2000), evidenciam a qualidade desse trabalho com a cor e a consciência do ritmo na composição das páginas.

*LARÓYÈ*, SALVADOR, DÉCADA DE 1990 [PP. 176-187]
TIRAGENS DIGITAIS CONTEMPORÂNEAS SEM SUPERVISÃO DO AUTOR
ACERVO INSTITUTO MARIO CRAVO NETO/INSTITUTO MOREIRA SALLES

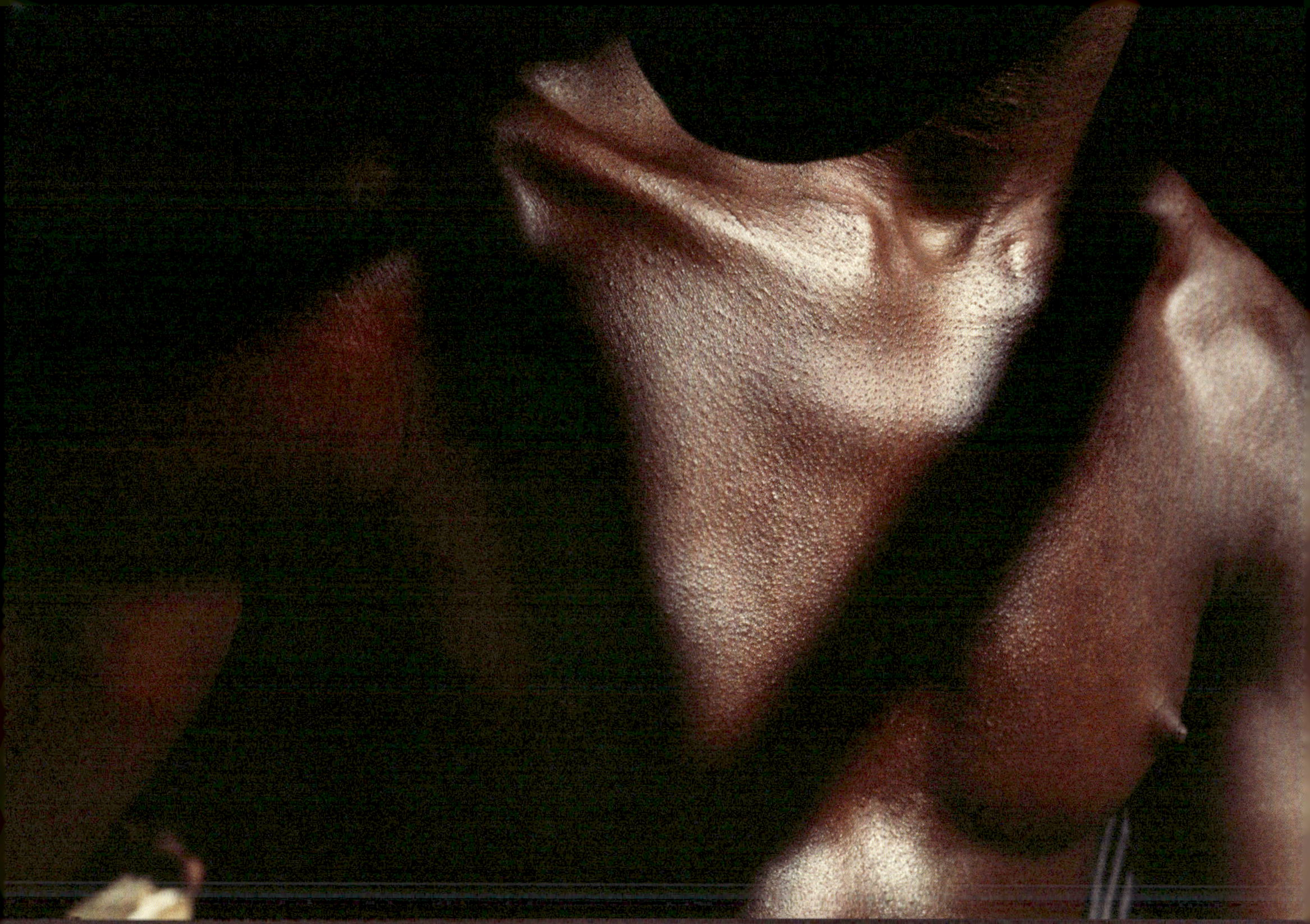

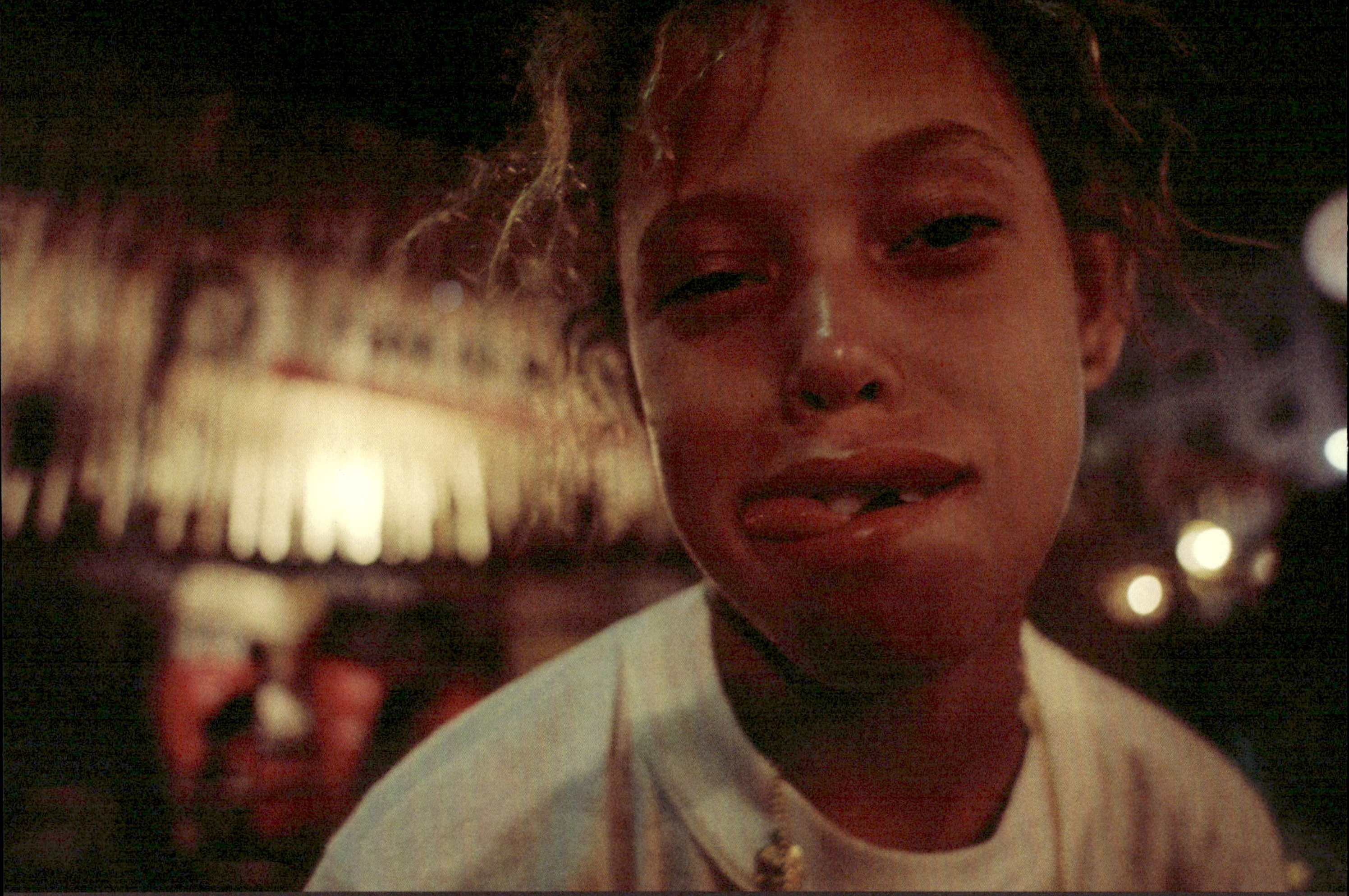

*GATO CAPOEIRA*, 1979 [PP. 188-189]
8MM, 13'30'', COR. ACERVO INSTITUTO MARIO CRAVO NETO

SALVADOR, DÉCADA DE 1990
TIRAGENS DIGITAIS CONTEMPORÂNEAS SEM SUPERVISÃO DO AUTOR
ACERVO INSTITUTO MARIO CRAVO NETO/INSTITUTO MOREIRA SALLES

SALVADOR, DÉCADA DE 1980

*LARÓYÈ*, SALVADOR, DÉCADA DE 1990
TIRAGENS ORIGINAIS DO AUTOR/CIBACROMO
ACERVO INSTITUTO MOREIRA SALLES

1

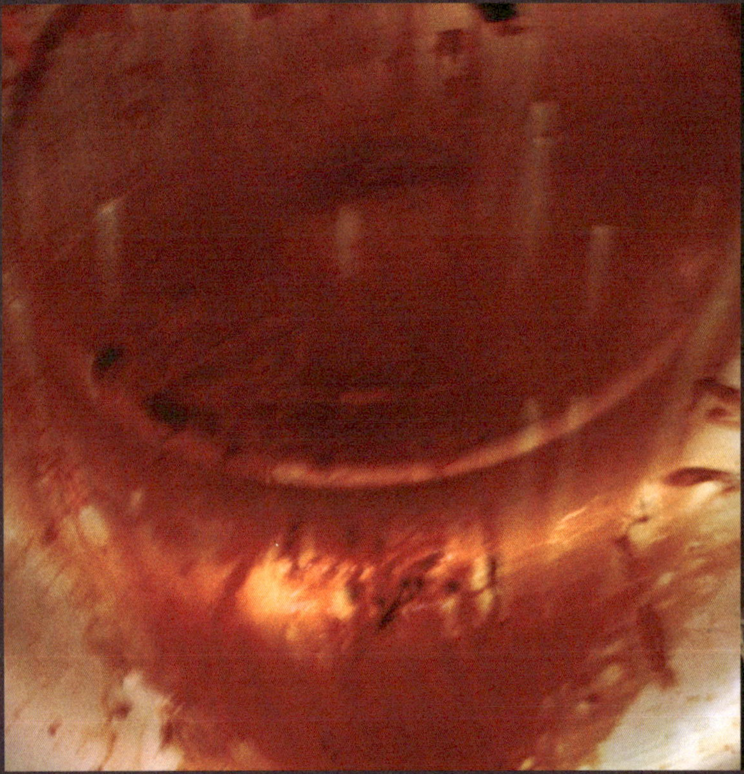

4

5

2

3

1, 4, 5. SALVADOR, S.D.
TIRAGENS DIGITAIS CONTEMPORÂNEAS COM SUPERVISÃO DO AUTOR
COLEÇÃO CHRISTIAN CRAVO

2. ITÁLIA, DÉCADA DE 1980
TIRAGEM DIGITAL CONTEMPORÂNEA COM SUPERVISÃO DO AUTOR
COLEÇÃO CHRISTIAN CRAVO

3. SALVADOR, DÉCADA DE 2000
TIRAGEM DIGITAL CONTEMPORÂNEA COM SUPERVISÃO DO AUTOR
COLEÇÃO CHRISTIAN CRAVO

# CANDOMBLÉ
# ALEIJADINHO
# EX-VOTOS

"Programo a minha máquina (Leica R4) de antemão, para obter aquela subexposição característica das minhas fotos, e depois... me lanço de corpo inteiro (e de alma também) na festança: me incorporo nela e ela me incorpora. Focar na objetiva? Nem pensar. O foco se faz no passo, na dança: um pouco mais perto, um nada mais longe. É caça meio 'alta' para afinar a focalização. A imagem é também fruto dessa parte performática do fotógrafo."

— M.C.N.

As festas religiosas sempre interessaram a Mario Cravo Neto. Frequentou-as incansavelmente. Converteu-se ao Candomblé sem fazer disso profissão de fé. Há nessas imagens a revelação do que há de espontaneidade e vitalidade nas tradições afro-brasileiras. Sua amizade com Pierre Verger e Lina Bo Bardi explicita-se nesse contato com o mágico e o popular. A escultura está no seu DNA, e mostrar os ex-votos é mostrar o corpo, simultaneamente, como matéria plástica e simbólica.

A série dos profetas de Aleijadinho em Congonhas do Campo é a primeira aventura de Cravo Neto com a fotografia. Foi realizada antes da ida a Nova York. Vê-se aí o filho do escultor buscando a expressão talhada em pedra e revelada no contraste de luz. A busca do efeito dramático, o olho atento ao Barroco, jamais deixou-se transformar em exagero sentimental.

*FESTA DE YEMANJÁ*, SALVADOR, DÉCADA DE 1990
TIRAGENS DIGITAIS CONTEMPORÂNEAS SEM SUPERVISÃO DO AUTOR
ACERVO INSTITUTO MARIO CRAVO NETO/INSTITUTO MOREIRA SALLES

*OXALÁ*, SALVADOR, 18.11.2002

*FESTA DE YEMANJÁ*, SALVADOR, DÉCADA DE 1990

*EGUM BABA*, SALVADOR, 11.11.2006
TIRAGENS DIGITAIS CONTEMPORÂNEAS SEM SUPERVISÃO DO AUTOR
ACERVO INSTITUTO MARIO CRAVO NETO/INSTITUTO MOREIRA SALLES

*NA TERRA SOB MEUS PÉS*, SALVADOR, 28.07.2003

TIRAGENS DIGITAIS CONTEMPORÂNEAS SEM SUPERVISÃO DO AUTOR
ACERVO INSTITUTO MARIO CRAVO NETO/INSTITUTO MOREIRA SALLES

*CANDOMBLÉ*, SALVADOR, NOV. 1999

CONGONHAS DO CAMPO, MG, 1968 [PP. 206-213]
TIRAGENS ORIGINAIS DO AUTOR
ACERVO INSTITUTO MARIO CRAVO NETO

Cap. 6

*EX-VOTOS*, SALVADOR, DÉCADA DE 1980
TIRAGENS DIGITAIS CONTEMPORÂNEAS SEM SUPERVISÃO DO AUTOR
ACERVO INSTITUTO MARIO CRAVO NETO/INSTITUTO MOREIRA SALLES

# NINHOS
# CÂMERAS
# PNEUS
# FOGO
# GW-43

"Mario tinha a mesma densidade dramática de Bill Brandt: existia um drama na luz, as pessoas e coisas não estavam expostas às luzes frias dos alemães — o que está na moda fotográfica hoje em dia... E não era alguém preso a uma nota só. Compunha sinfonias com montagens surpreendentes de imagens e também peças individuais que nos sacudiam em surdina."

—MIGUEL RIO BRANCO

Série do Ninho: O ninho, construído com fios de fibra de vidro retirados do ateliê por um passarinho, foi encontrado no jardim pelo filho do artista. Virou natureza-morta colocado sobre uma mesa com lona gasta, em uma série fotográfica silenciosa e grave. Uma ética minimalista atravessada por um lirismo desafetado.

Série do Fogo: Iniciada logo depois de seu retorno de Nova York, no começo da década de 1970, a série do Fogo explicita vários elementos recorrentes em sua poética — a tensão entre o natural e o artificial, a performatividade do gesto fotográfico, a hibridação do escultórico e do imagético, a composição serial, o interesse pelo simbólico.

*GW–43*: Vídeo feito diante das imagens da TV americana durante a guerra do Iraque. Junção radical entre o real e o virtual. O artista retira daí poesia, apesar de tudo. Bruto, direto, cruel, trágico. Segundo ele, "talvez seja a mais livre de todas as minhas peças. Transa com a sincronicidade, com o acaso e com o gestual."

*NINHO*, BAHIA, *C.* 1977
TIRAGEM ORIGINAL DO AUTOR/GELATINA E PRATA
COLEÇÃO CHRISTIAN CRAVO

*NINHO*, BAHIA, *C.* 1977 [PP. 219-222]
TIRAGENS CONTEMPORÂNEAS SEM SUPERVISÃO DO AUTOR/GELATINA E PRATA
ACERVO INSTITUTO MARIO CRAVO NETO/INSTITUTO MOREIRA SALLES

BAHIA, 1982-1983 [PP. 224-227]
TIRAGENS DIGITAIS CONTEMPORÂNEAS SEM SUPERVISÃO DO AUTOR
ACERVO INSTITUTO MARIO CRAVO NETO/INSTITUTO MOREIRA SALLES

*FOGO*, BAHIA, 1971-1974 [PP. 228-231]
TIRAGENS CONTEMPORÂNEAS SEM SUPERVISÃO DO AUTOR/GELATINA E PRATA
ACERVO INSTITUTO MARIO CRAVO NETO/INSTITUTO MOREIRA SALLES

BAHIA, DÉCADAS DE 1970-1980 [PP. 232-237]
TIRAGENS DIGITAIS CONTEMPORÂNEAS SEM SUPERVISÃO DO AUTOR
ACERVO INSTITUTO MARIO CRAVO NETO/INSTITUTO MOREIRA SALLES

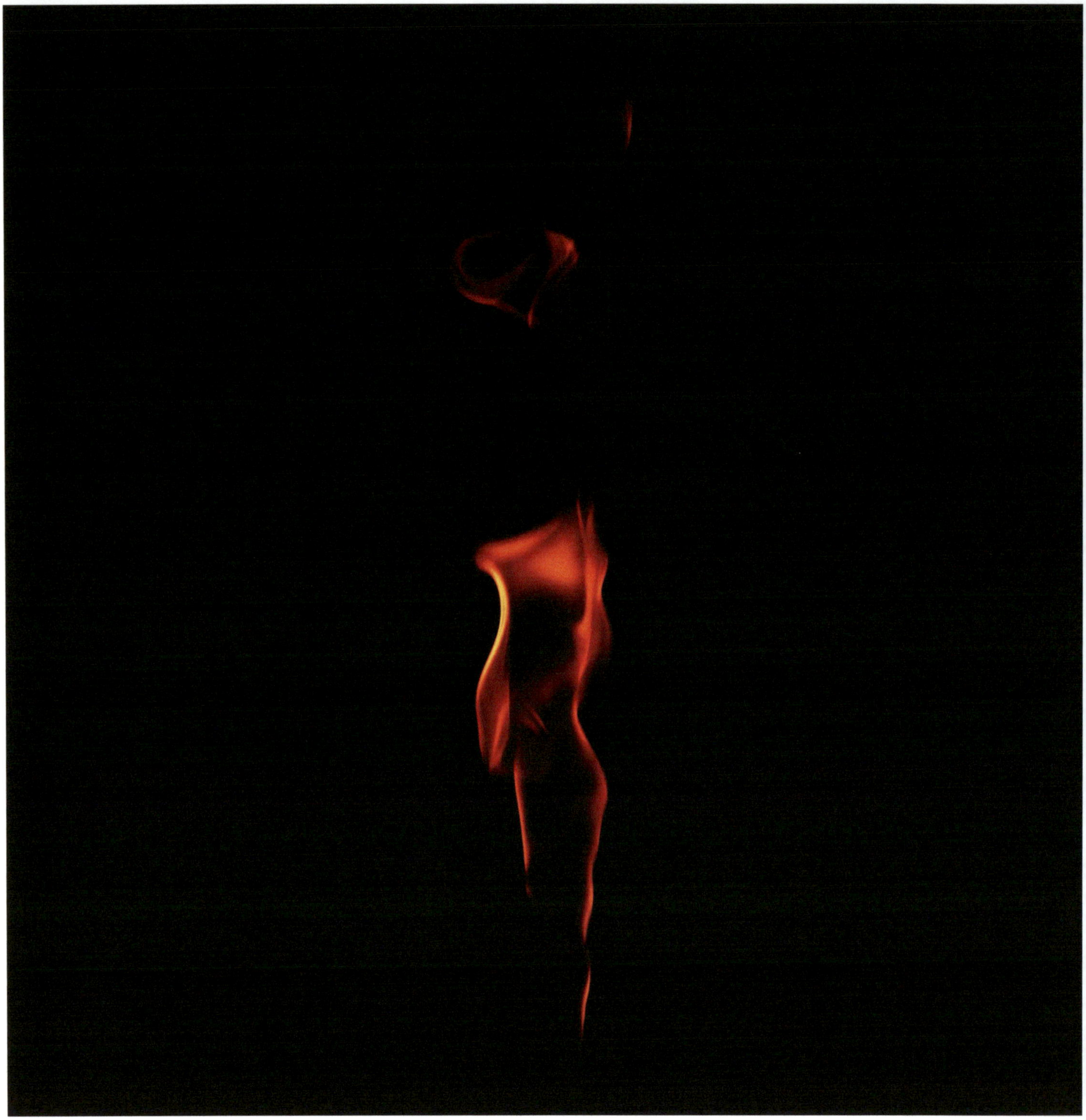

*FOGO*, BAHIA, 1971-1974
COLAGENS EM GELATINA E PRATA SOBRE PAPEL
ACERVO INSTITUTO MARIO CRAVO NETO

*GW–43*, 1991 [PP.240-241]
HI-8, 34', COR. ACERVO INSTITUTO MARIO CRAVO NETO

Cravo Neto teve seu equipamento fotográfico furtado de dentro do seu carro. Depois de mobilizar a polícia, o ladrão foi encontrado, mas, antes de ser preso, queimou câmeras, lentes e filtros. Ficou tudo destruído, calcinado. O artista colocou o equipamento carbonizado sobre a mesma lona dos fundos infinitos; uma lona bastante desgastada e retirada do circuito utilitário para integrar a composição plástica da instalação. O fogo volta aqui como índice e como signo, como o que queima e o que se transforma. O curador Walter Zanini, no catálogo da Bienal de 1983, escreveu, sobre esse trabalho, que via ali, na instalação, o ponto de confluência da fotografia e da escultura, em que a "precípua ideia escultural torna-se criadora de atmosfera — evocativa e dramática no mistério poético das realidades que a contêm". O trabalho foi apresentado pela primeira vez em 1982, numa exposição realizada em um galpão industrial abandonado. Cravo Neto produziu uma série de instalações na ocasião, aproveitando os resíduos destroçados e misturando-os às suas lonas — a exposição como um todo pode ser vista como uma única instalação.

BAHIA, DÉCADAS DE 1970-1980
TIRAGEM ORIGINAL DO AUTOR/GELATINA E PRATA
ACERVO INSTITUTO MOREIRA SALLES

# TEXTOS DE STEFANIA BRIL SOBRE MARIO CRAVO NETO PUBLICADOS EM *O ESTADO DE S. PAULO* E NA REVISTA *IRIS*

## CRAVO NETO: FRAGMENTOS DE ETERNIDADE

STEFANIA BRIL

*O ESTADO DE S. PAULO*, 7/1/1981

Confronto ou cumplicidade? Retrato do conhecido ou do desconhecido? Mergulho na essência do fotografado ou espelho de sua própria essência? O retrato, este "fragmento de eternidade" enclausurado dentro da imagem fotográfica enfocado em várias épocas, e por vários fotógrafos de modo diferente. Mario Cravo Neto, ao abordar o tema, opta por duas linguagens distintas: branco e preto e cor (o trabalho realizado em 1980 na Fotogaleria Fotoptica, atualmente exposto na Itália, e o livro *Bahia*, lançado pela Rhodia). Nos dois casos, ele registra o conhecido, o íntimo. São os amigos que passam pelo seu estúdio-casa (exposição) e a terra e o povo da Bahia, da qual ele é uma parte atuante e integrante (livro). Mas, enquanto nas fotos da exposição, tratadas em branco e preto, o fotógrafo impõe de maneira marcante a sua própria personalidade e a do retratado, no livro, Cravo Neto deixa explodir livremente a Bahia e sua gente em cores, ritmos, balanços.

No trabalho em branco e preto, o fotógrafo dispõe os objetos no fundo neutro de uma velha lona de caminhão, a única ponte e contato orgânico com o mundo real. O ser humano, isolado do seu habitat cotidiano e colocado neste universo fechado e ao mesmo tempo sem limites, por ser despojado ao extremo, penetra num clima que convida ao desnudamento diante da câmera. Com a exceção de alguns retratados, é o próprio fotógrafo quem se desnuda, espelhando as suas diferentes faces nos olhares, posturas e gestos por ele próprio captados. A iluminação difusa e o isolamento lembram os trabalhos de Irving Penn no *Worlds in a Small Room*. Mas, enquanto Mario Cravo Neto deixa o retratado "suspenso no ar", sem nenhum apoio em algo familiar, os modelos de Irving Penn, estes manequins estranhos, desconhecidos, retirados do fluxo da vida, buscam e encontram uma força nos objetos familiares que carregam dentro do seu estúdio portátil (há até um espaço para um burro, uma motocicleta). Irving Penn estrutura o seu quadro-retrato modelando, com minúcia e rigor, cada ângulo do corpo, cada inclinação de cabeça, cada gesto de mão.

O quadro de Mario Cravo Neto simplesmente "acontece" e se cristaliza num clima gerado pela fusão de nada (fundo neutro), do fotografado, do fotógrafo e da câmera. As silhuetas de Cravo Neto se incorporam dentro do fundo neutro, formando uma gama contínua de diversas tonalidades de cinza e preto. Mas há sempre um detalhe, um brilho metálico de um olhar, anel, colar, moeda que, como um minúsculo sopro luminoso de vida, invade e ao mesmo tempo deixa a imagem para atingir o espectador. As duas melhores obras deste trabalho são as que resultam de um duelo entre as personalidades — fortíssimas — do fotógrafo e do fotografado. São os retratos do pai do próprio fotógrafo e do índio. Este último incomoda no primeiro contato. Uma espada (ou flecha) divide, de modo assimétrico, o rosto-espaço em dois mundos diferentes. O do índio primitivo, forte, olhar franco e orgulhoso, e o do aculturado, um olhar desconfiado, a flecha transformando-se em espada em confronto e luta com a civilização branca. Mario Cravo Neto enriquece sua galeria de pessoas com os retratos de objetos. Dono de uma sensibilidade e do saber do seu ofício, o fotógrafo-pintor-escultor aprisiona a luz-vida dentro do objeto. Um violão dentro do seu estojo adquire dimensões de uma silhueta viva, quem sabe de uma dançarina guedra imortalizada por Irving Penn. É impressionante este poder do fotógrafo em transformar um objeto em ser vivo e o ser vivo em objeto.

*Bahia*, de Mario Cravo Neto, não é *bleu, blanc, rouge* como sugere a capa e a guarda do livro lançado pela Rhodia. Ela é toda luz e sol, calor e vento, mar e areia. Ela é o ouro das igrejas, o dourado da praia e do corpo, o azul verde, roxo e dourado do mar, o vermelho-alaranjado quente do dendê, o verde-amarelo que veste o corpo da mãe-preta, vendedora de acarajé. Ela é o bronze luminoso do povo baiano. Neste passeio pela sua terra, Mario Cravo Neto capta a luz para misturá-la com todas as cores, pintando a vida baiana com pinceladas largas voluptuosas, quentes e impregnadas de muito amor. São as cores e texturas que primeiro atingem o leitor para, lentamente, adquirirem os contornos e formas de pessoas e objetos. Este trabalho denota a perícia de Cravo Neto — fotógrafo-pintor. Ele esculpe a areia, descobrindo os volumes de luz e as cavidades de sombra, e transforma-a numa cascata turbulenta e viva que corre pelos braços dos meninos, estátuas vivas e sorridentes fincadas na praia. As filhas de santo, num movimento ondulado, apenas adivinhado, dissolvem os seus contornos e se convertem em matéria pura, uma luz azul e verde enfeitada de um branco luminoso. O fotógrafo para admirado diante das composições perfeitas, obra de arte abstrata, feitas com as frutas e cerâmicas dispostas com um apuro instintivo pelos feirantes de São Joaquim. Ele se apodera dos tamboretes brancos, vermelhos e azuis, para ordená-los em composições geométricas despojadas. *Bahia*, de Mario Cravo Neto, se identifica com a "poesia do cotidiano de sua gente vibrante, livre e apaixonada" (Clarisa J. Coimbra Cretella). O livro, penetrado de uma luminosidade calma e vibrante, de diagramação limpa e de boa qualidade gráfica, é acompanhado por um texto-prefácio de Luiz Seráphico, "Canto de amor à Bahia", de Jorge Amado; e por um texto de pesquisa livre e poética de Clarisa J. Coimbra Cretella. É um testemunho importante da participação de uma empresa na divulgação da cultura e da arte brasileiras.

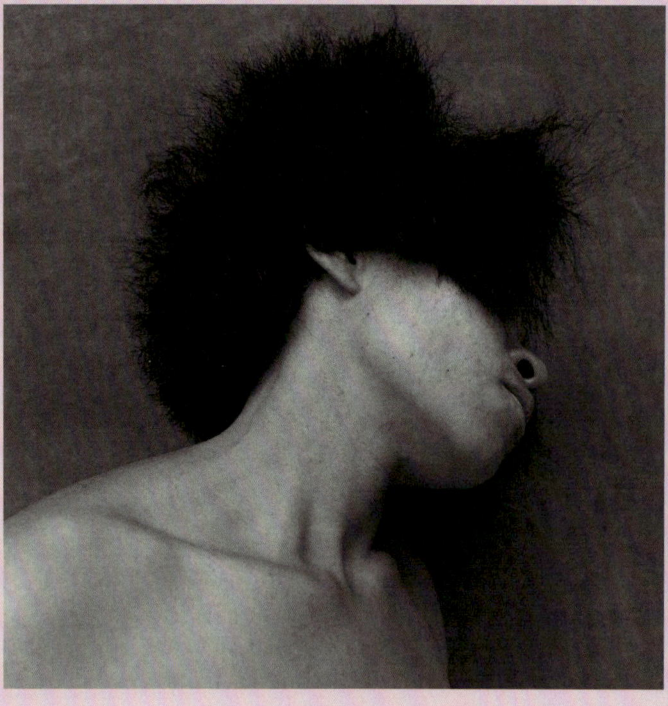 

# O EXISTIR: NA REALIDADE E NA ARTE

STEFANIA BRIL

*O ESTADO DE S. PAULO, 7/3/1983*

Arte além da Arte... Sopro da vida. Troca das energias. Interpretação das vivências. Turbulência e calma. Fechadas dentro da escultura-fotografia, dentro de cada dobra da lona, "aquela que veste as cargas dos nossos caminhões". Aquela que, calada, testemunha o passar do tempo, o passar das vidas (Cravo Neto. *O fundo neutro esculturas e fotografias* — Arco, Arte Contemporânea, al. Tietê, n. 46).

Calma e turbulência dentro da fotografia-escultura, dentro do corpo parado que a tensão do movimento transforma em saliência e cavidades, captadoras e refletoras da luz. A interpenetração das vivências onde o espectador perde a noção das identidades das matérias. Lona ou corpo a mergulhar um dentro do outro, a perder as individualidades tornando-se forma, textura, sombra e luz. O próprio existir na realidade e na Arte.

O mesmo material que assume um papel diferente em função da forma de expressão. A escultura torna-se uma fotografia da vida que, encravada em cada prega, segue o fio das texturas da lona surrada pelo tempo, Sol, chuva, açoitada pelo vento, esfregando-se contra as caixas, contra as pessoas. Guardando segredos.

A fotografia se torna uma escultura. O espectador sente um fotógrafo apaixonado pelo corpo que modela com a sua câmera. Mario Cravo Neto faz a matéria projetar-se além de sua forma, casca externa. Parece que durante o ato fotográfico ele consegue criar um ambiente que catalisa as tensões e que gera as esculturas feitas dos ossos, músculos, veias.

O espectador nota que ele próprio está sendo levado a redescobrir o grão de pele, o fragmento do osso, a textura da carne, a ponto de penetrar a essência da matéria e perder a noção corpo-propriedade do ser humano. O corpo começa a assemelhar-se com a superfície, uma superfície estranha, tridimensional, a irmanar com as texturas da lona. Troca das energias. O espectador não sabe mais se é o corpo do retratado que se deu a "fundo neutro" ou se é a lona, apaixonada, que cedeu toda a sua riqueza feita das lembranças do tempo e da vida e agora devolve, generosa.

É curioso. Quando no retrato o rosto está sendo escondido, o público, em geral, é incitado a descobrir os traços não revelados. E a imaginação transforma o desconhecido numa certeza, a ausência se torna uma presença palpável. Aqui, a foto raramente desperta esta curiosidade, forma do olho, desenho da boca? Não importa. A foto-escultura penetra além da forma do ser humano. Ela penetrou a matéria, origem da vida.

A Arte torna o fotógrafo dono absoluto de sua obra. Final. O menino-imagem, brincando com o "fundo neutro", virou cambalhota? A foto, ainda dentro do banho revelador, decide, de repente, também virar a cabeça para baixo. É ela que está certa. A relação corpo-lona muda e adquire uma forma nova. Não é mais a criança que arrasta o "fundo" para a brincadeira. Agora é a lona que parece projetar para frente a opressão angustiante, tenta engolir o pequeno corpo. "Além da Arte", antes e durante o ato fotográfico; no decorrer do trabalho de laboratório e mesmo na apresentação da foto, na sua manipulação dentro do espaço. Apresentação e iluminação.

Há iluminação para vender; há iluminação para sentir. Cravo Neto e a galeria escolheram corajosamente a segunda opção (a galeria já mostra a coragem no traçado das manifestações, abolindo as barreiras entre as diferentes formas de arte: pronta para acolher a arte gráfica, fotografia, escultura etc.), iluminação feita de sua quase-ausência. Intensidade da luz pequena; intensidade do conviver com a obra — grande. Fotos escuras no fundo escuro. Chegue mais perto e deixe-se penetrar pelas energias do músculo, da veia, da textura, da cambalhota e de cada prega da lona, depósito da luz. Chegue mais perto ainda, até você próprio tornar-se um emissor e receptor da energia, gerada pela "Além da Arte".

# NO LIMITE ENTRE O REAL E O MÍSTICO

STEFANIA BRIL

*O ESTADO DE S. PAULO*, 11/11/1983

Arregaçaram as mangas. Os dois. Um domou a pedra, alisou a resina, entalhou a madeira, aprisionou a natureza e incorporou a alma e o corpo ao fogo. Apoderou-se da matéria bruta e a modelou. Outro raptou as formas, envolveu-as com a luz timidamente; só para esboçar os contornos, apaixonadamente, integrando nas esculturas a luz-lava ardente. Nascem fotografias, volumes bidimensionais, superfícies tridimensionais luminosas e irradiantes, receptoras e doadoras de luz, de cor. Encontro fértil entre os dois Marios Cravos. Dois criadores; um doando a sua obra, outro aceitando-a para a reinterpretar e lhe oferecer um abrigo, permanente, nas páginas do livro. Não uma clausura. Uma moradia feita de aconchego e de liberdade, onde as formas se encravam e convivem dentro de um novo ambiente, estruturado pelo fotógrafo, ou encontram um ponto de apoio, trampolim para um salto no espaço a se integrar, arte, natureza e o ser humano, dentro de uma harmonia vibrante. *Cravo*, fotografias de Cravo Neto, impresso na Raízes Artes Gráficas, lançado no Masp, avenida Paulista, 1.578.

A idealização gráfica do livro, apurada, criativa, está a cargo do próprio fotógrafo Cravo Neto e de Elza Tsumori. Não há medo de esbanjar nada. As superfícies negras, vazias, oferecem espaços vitais para o respirar das esculturas. Não existe receio de as formas invadirem todos os espaços, tomarem posse das páginas duplas, a irradiar a luz em pinceladas decididas, em movimento harmonioso. Das páginas do livro emana força, luz e paz, o leitor sente o ritmo do trabalho do fotógrafo no limite entre o real e o místico. É fruto de uma gestação lenta, numa fusão de sentir e de meditar que culmina com o surgimento de um refúgio próprio e diferente para cada escultura, em função da forma, do movimento e da matéria bruta. O fotógrafo se apodera da luz para realçar cada entalhe da madeira, ou empresta apenas um feixe de brilho para acariciar o rosto, em silêncio, com cuidado para não despertar o sono tranquilo da cabeça negra. Algumas esculturas ficam transformadas em sombras andantes, dentro da luminosidade roxa, misteriosa. E, quando a forma se alonga, linhas puras, traços brilhantes, Cravo Neto a colocava sobre o fundo de mil nuanças monocromáticas, ricas em texturas que sublinham a delicadeza e a precisão do desenho escultórico no espaço. As esculturas feitas da matéria resinada, pigmentada, superfícies lisas, ficam mais lisas ainda ao se tornar satélites e constelações, poços de luminosidade colorida.

O fotógrafo é, ao mesmo tempo, um sacerdote e um mágico. O leitor, ao virar a página, "vira" junto com o artista o fundo. O negro chapado se transforma num ocre dourado orgânico. E o Cristo baiano que habita essas páginas parece provar dois sentimentos opostos: o de absorver e o de dar. A força ocre-dourada jogada no fundo preto se esvazia da cor e se doa ao espaço, escultura negra sofrida. Às vezes, a forma espacial concentra as forças e num *élan* alça voo para a liberdade. E como o Cristo, despeja a energia irradiante e se dá toda ao Sol, ao mar. Numa troca de energias pela imagem.

Através das fotografias, o leitor é levado a acompanhar o fazer criativo dos dois escultores: aquele que penetrou os mistérios da matéria bruta, que fez nascer as formas, doou-lhes a alma e a projetou no espaço. E o outro que, partindo dos seres escultóricos, os reinventou, mergulhou dentro da luz e da cor, aconchegou dentro de texturas sóbrias e ricas, ou carregou lá fora, para um conviver íntimo com a terra, o mar e o ser humano, vivo. Depois, escondeu-os dentro das páginas do livro. Para um encontro, feito de silêncio e de explosão, de palpável e de inatingível. Encontro com o leitor privilegiado.

# MARIO CRAVO, ESCULTOR

STEFANIA BRIL

*O ESTADO DE S. PAULO*, 20/5/1984

Interpretar a Arte, sem criticar, sem analisar nem dissecar, sorvê-la através da luz, da cor. Encontro entre a fotografia e a escultura. Encontro entre dois criadores nas páginas do livro (*Cravo* — Esculturas de Mario Cravo Jr., fotografias de Cravo Neto, à venda na Galeria Aogôsto, rua Augusta, 2.161). Um a se apoderar da pedra, madeira, ferro, bronze e a modelá-los. Mario Cravo Jr., "ferreiro gigante". E o outro a cativar as formas e os volumes, vesti-los de luz, pincelar com mil cores. Gestação lenta, meditação intensa, sentir profundo, conhecer apurado. Cravo Neto, fotógrafo criativo, arquiteto sensível a construir nas páginas do livro as novas moradias (temporárias? definitivas?) para as esculturas. Fusões da matéria bruta com a essência do escultor (Mario Cravo Jr. diz... "você cria um corpo no espaço, põe outro dentro dele e, graças à transparência, todos são vistos"). Seres escultóricos. Vivos e, como qualquer ser vivo, a deixarem brotar mil facetas a comungarem com o meio ambiente. Cravo Neto convida o leitor a assistir a este "brotar" das individualidades escultóricas. É só virar a página e a escultura muda de cor, de força, de personalidade, a mesma e diferente. Como o Cristo baiano, figura ocre-dourada, "deitada" sobre a superfície negra chapada, força irradiante, será o mesmo da página seguinte? O Cristo que se doou todo à terra ardente, ferro queimado fincado na areia porosa que lhe roubou a cor. A terra, "fundo não neutro", página do livro.

Parece que o fotógrafo se deixa penetrar pelas esculturas, devagar; deixa-as a se acostumarem ao ambiente novo que ele próprio estruturou para, só depois, observá-las tranquilamente: mão, olhar, câmera. Captar e estender nas páginas do livro. Às vezes as esculturas surgem da matéria resinada, pigmentada, lisa. O fotógrafo torna-as mais lisas ainda sob o toque da "luz fotográfica" e lança-as, satélites luminosos a girarem dentro do universo, a girarem dentro das páginas do livro.

A diagramação do livro a cargo de Cravo Neto e Elza Tsumori é apurada. Sem o medo de esbanjar o negro que às vezes invade a página dupla e convida o leitor a um mergulho. Sem medo de jogar os espaços brancos, o "ar" que deixa as esculturas, o livro e o leitor respirarem livremente.

O leitor lê o livro através dos trechos dos escritores e críticos (Jorge Amado, P.M. Bardi, Roger Bastide e o próprio Mario Cravo Jr., entre os outros). O leitor vê o livro através das imagens a suscitarem emoções estéticas. Livro-poço de criatividade a induzir a do leitor. Leitor privilegiado a ter nas mãos um verdadeiro livro de Arte. Finalmente.

# MÁRIO CRAVO, A CÂMERA COMO PINCEL

STEFANIA BRIL

*O ESTADO DE S. PAULO*, 14/3/1986

O contato é imediato, transferência de olhares. Um negro, orgulhoso, retido, mergulha no olhar debochado, aberto, do companheiro branco. Os dois azuis amarram o leitor na hora. É a sobrecapa do livro; síntese baiana — diz o autor —, negro e branco, reserva e deboche. O livro é *Os estranhos filhos da casa*, fotografias de Mario Cravo Neto, texto de Carybé e Gramiro de Matos, idealização gráfica de Cravo Neto, impressão de Gráficos Bruner. Uma joia pequena, preciosa, de diagramação e impressão impecáveis, concorrendo tranquilamente com qualquer edição internacional, de classe. Quem sabe até ganhando.

A primeira leitura é colorida. Lê-se laranja-avermelhado, branco transparente, ocre requintado, negro forte e o azul, de todas as cores: azul-cinza, azul-ocre, azul-preto, azul-vermelho, azul-gelo, azul-sol e azul-azul. Cor e música: sinfonias, cantos, batuques... silêncio. O leitor descobre: o livro é cor, é som, é forma. E vai além disso. É livro-luz, é livro-sombra, luminosa. Confronto de luzes e de corpos, fortes. Corpos que elegeram a cor como matéria, como traje (aliás, antes um destraje), como *décor*. Como aqueles dois corpos fortes, branco e negro, um a salientar cada veia, cada músculo, outro a ostentar a superfície lisa, que na sua negritude total absorveu todos os reflexos. Foto forte, quem sabe poderia servir de capa?

Quem sabe — diz Cravo Neto —, só que a capa tem as suas exigências. A primeira: ser síntese do espírito do livro. Ora, esta aqui poderia induzir o leitor a imaginar um livro-ensaio sobre o corpo. A segunda: não se pode esquecer que o livro, "alma" do autor, está à venda. É a capa que vende o livro. Logo, tem que ser não só a síntese da "alma", mas também uma chamada luminosa, simples, de leitura imediata. E o título? As barracas das festas populares são casas temporárias, que têm donos. Hospitaleiros, eles convidam os "estranhos", como você, como eu. Entramos, adquirimos cor, ritmo, luz. Tornamo-nos "filhos" da casa (na primeira versão o título era *Os estranhos da casa*).

Acompanhando o lançamento do livro, na parede da recém-inaugurada Galeria Fotoptica, algumas ampliações gigantes. Quadros (que confirmam a qualidade do trabalho da equipe do laboratório Fotoptica, encabeçada por Pedro Ballester). Alguém disse: "*Le monde est comme un tableau*". E Cravo Neto capta o mundo e o pincela com a câmera. Pinceladas imediatas, precisas, exigentes. Mario, modesto porque grande, retruca: "Não inventei nada, o quadro está lá, real. E só..." No entanto, não fosse o gesto, não fosse o olhar de percepção imediata, de criatividade instantânea (mas de formação sólida e lenta), a fotoquadro não teria nascido. Nunca.

As imagens exercem uma atração curiosa. O espectador se aproxima, quer ver de perto, quem sabe ate apalpar a imagem. Sentir a esperteza das tábuas através da superfície lisa do papel fotográfico? Loucura. Mas a sensação é tão forte, a perfeição e a nitidez do entalhe tão precisa que, mesmo a distância, o espectador sente na ponta dos dedos as rugosidades, os sulcos, as saliências. Na foto de Cravo Neto tudo se cristaliza no momento certo; uma pincelada azul sobre a parede, uma fenda feita só para acolher um vermelho intrometido, uma sombra colorida a se requebrar sobre o muro. Falou-se em azul? Errado. São azuis, e tantos. Ali, a pincelada lá no muro parece tão real que a gente fica com vontade de pegar um pincel, umedecê-lo na tinta. Mais uma pincelada, Mario? Não, não se pode acrescentar, nem retirar nada; tudo é necessário, nada supérfluo.

Luz, sombra, ritmo. As páginas do livro vibram e fluem. Constroem-se as "casas". Os banquinhos ordenam-se; primeiro, indecisos, atravessados pelas várias cores, transformam a barraca num verdadeiro ateliê de pintor; depois, empilhados, já "telas" para formar uma tela só. Abstrata. Reino de vermelho, azul, amarelo. E preto e branco também. O leitor opta pelo seu reino e acomoda-se, dentro da página, a sua. Um "senta" na página vermelha; outro escolhe o ocre discreto. Senta e espia as outras imagens. De repente fica arrastado numa dança carnavalesca, colorida (o autor entrou no cordão também; a focalização não se faz mais na câmera, mas no gesto; mais um passo para frente, um pequeno recuo para trás e pronto, focou!). A foto, estática por definição (mas por definição só!), vibra, dança, explode. Mais um *chopp*? O leitor entra na barraca. Milagre do *chopp*, milagre da luz. Mario transforma a barraca num estúdio instantâneo: uma fresta-*spot* para que a pele negra brilhe mais ainda, para que a palma da mão se torne mais branca; o "colarinho" da cerveja, a tampinha da garrafa, transformam-se em rebatedores de luz. E o leitor, como que hipnotizado, dá uma paradinha, acotovela-se na mesa, um instante só. Mas, chamado pela multidão colorida que atravessa os rasgos da imagem, pede licença e escapa do livro para reintegrar de novo a realidade. Aquela que o autor captou.

# Ainda a luta das imagens por um espaço maior

Embora ocupando ainda modesto espaço em relação à sua constante e maciça presença no rol dos eventos artísticos em todo o mundo, a fotografia participou da 17.ª Bienal de São Paulo com representantes de diversos países que conseguiram, ao menos, expor as manifestações das principais tendências contemporâneas da arte fotográfica. Trabalhos aqui comentados por *Stefania Bril*

A fotografia não seria vanguarda bastante para, ilustre convidada, participar com toda a sua força da 17ª Bienal? Ou seria apenas a omissão dos curadores esquecidos da vida pulsante da fotografia? Ou acharam que esta Arte feita das tecno-imagens ficou já abafada pelas outras artes-técnicas transmissoras e distribuidoras de informações, sensações, reflexões(?) como os vídeos, computadores, *slow-scan*. E no entanto a fotografia existe, e firme. Mas aqui, na Bienal, a sua representação é modesta. Aliás não é a representação. O seu espaço é que é modesto. Mesmo assim o "gênio" da fotografia fez um "trabalho" às escondidas e, como resultado, as poucas propostas conseguem espelhar as tendências essenciais da fotografia e induzem a refletir sobre a imagem. Sobretudo elas põem em evidência o *quatuer*: fotógrafo, objeto fotografado, imagem, espectador. E ... a câmara, também presente. Ingredientes essenciais da fotografia.

Miguel Rio Branco – "Diálogos com Amau"

Por acaso ou por golpe da sorte os enfoques dos trabalhos apresentados são bem diferentes e propícios a serem discutidos:

A imagem, como resultado de uma pesquisa sociológica; espelho-da-realidade, retrato de um povo; o penetrar do ser humano através do seu ambiente (Zofia Rydet – Polonia).

A imagem a desafiar o seu próprio significado e ao embutir um elemento real atingir a terceira dimensão (Bernardo Salcedo – Colombia).

A imagem parada a se deixar arrastar numa dança e, feita das visões fotográficas, as do fotógrafo e do fotografado, tentar alcançar os dois. E o espectador também. (Miguel Rio Branco – Brasil)

A imagem a atrair para um mundo mágico, feito da cor, do indefinido, do esboçado apenas e no entanto um "instante rigoroso" A foto, produto da técnica a se aventurar num mundo de magia. O mundo aberto para os iniciados, os que participam, os que captam e os que imaginam (Pierre Keller – Suíça).

A Suíça teve a coragem de ocupar todo o espaço disponível pela fotografia. Gigante. Não a realidade. Poesia. A técnica rigorosa, instantânea (Polaroid), sem retoque a se entregar à magia. Visões coloridas, ampliações gigantes, restos e gestos indefinidos, adivinhados apenas. O fotógrafo atrai para adentrar a noite louca, colorida, poço de sensações, fundo do poço. Encontro com o erotismo cru através das fugas e perseguições, através das viagens. Quem sabe, numa delas o olhar de Pierre Keller poderia ter esbarrado na câmara do fotógrafo William Betsch (William, conforme notícia de última hora você ganhou o prémio do livro pela Kodak francesa; parabéns!) lá no Cairo, ou no Fez, os banhos de *hammam*, onde, como diz a crítica francesa Carole Naggar ao comentar este trabalho: " ... o acaso e a repetição se misturam. Acaso dos gestos espontâneos onde se revela o inconsciente. Repetição dos gestos rituais conhecidos de antemão ..." Pierre Keller envolve o espectador num clima deste mundo proibido, misterioso; ele o faz partilhar as sensações "roubadas": grito, soluço, espasmo do homem azul "baconeano", força engradada dos músculos tensos, gestos dos corpos, esboços e manchas acariciados pela noite.

O fotógrafo torna o espectador confidente do "ato fotográfico" perigoso, proibido. O faz possuir o momento e a imagem e induz através das memórias e dos sonhos para se lançar numa viagem. Viagem à procura e à redescoberta de si próprio. Fotógrafo e espectador, cúmplices.

Bernardo Salcedo (Colômbia) – "Príncipe de Gales", 1981

Mário Cravo Neto

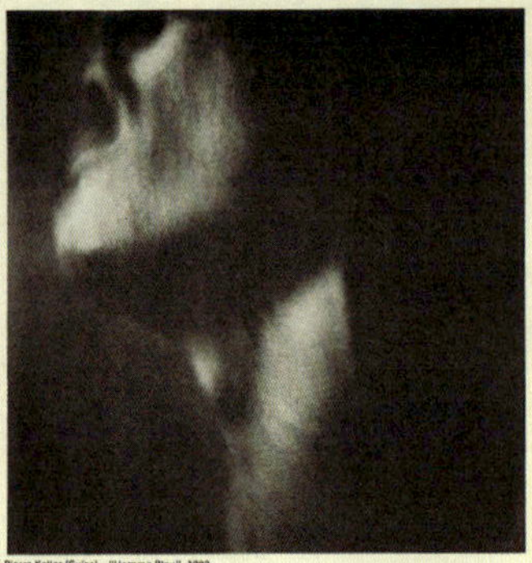

Pierre Keller (Suíça) – "Homme Bleu", 1983

A viagem com a fotógrafa polonesa Zofia Rydet é bem diferente. Ela convida para adentrar as casas, adentrar as pessoas, as da sua terra. É uma fotografia social. Não a que reivindica, mas a que conta o dia-a-dia. São retratos da gente humilde, aquela que Chico Buarque faz sentar na calçada; aquela que a fotógrafa aconchega dentro do lar. A gente do campo. O urbano torna o ser humano anônimo; a terra "fertiliza" a individualidade, fortalece as raízes. Terra, celeiro das tradições que se transmitem de uma geração para a outra, através da palavra, através da imagem. Aquela do passado, dependurada na parede, álbum de família aberto, fotos dos antepassados a mexericar com as imagens santas, amigas, que em branco e preto irradiam a cor pastel, cor florida. Os velhos de rostos brancos, fofos, apoiados sobre os travesseiros também brancos e fofos (aposto que feitos de plumas e penas) parecem esperar tranqüilamente o momento de ganharem a moldura e se transformarem em imagens a serem dependuradas na parede. Ao lado das imagens santas. Às vezes o lar lembra os "abrigos" de Jacob Rijs, os do fim do século passado; paredes cruas rebocadas apenas. E de repente a moradia se enfeita com um sofá, uma mesa que se acha tão im-

Zofia Rydet (Polônia) – "Registro sociológico", 78-80

portante que empurra os moradores para o canto da sala, tímidos.

O trabalho lembra o ensaio do curitibano João Urban sobre os polacos, lá no Paraná. As moradias se aparentam. Parece que os colonos transportaram as paredes já decoradas diretamente da sua terra natal. É só pregar. Pronto, favor entrar. Os velhos, os de Urban e os de Zofia Rydet são iguais: rígidos, sérios, duros, frente à câmara, frente à vida. E os jovens? Os que habitam as imagens da fotógrafa polonesa, pose acanhada, parecem se desculpar por existir, por ocuparem um espaço tímido neste mundo. Os "polacos brasileiros" de João Urban abrem os rostos num sorriso franco. É só o "clic" silenciar e vão se arrancar da imagem. Enquanto os da Zofia Rydet esperam bem comportados, dentro do quadro.

Sacrilégio. Duvidar da imortalidade, apagar os rostos-memórias, desfazê-los do passado. O colombiano Bernardo Salcedo desafia o imutável, o eterno da fotografia ao desafiar o seu significado. Mas não a sua forma física, a sua bidimensionalidade; ao contrário, a sublinha pelo confronto dos planos, pelo confronto das idéias e pela introdução audaciosa de tridimensionalidade através de um fragmento real, e pendurando a realidade palpável dentro da fotografia. E neste confronto entre o plano e o volume, entre a imagem primária e a construída pelo artista pela adjunção dos elementos novos nasce uma fotografia-objeto, dotada de um novo significado, a abrir o leque das leituras possíveis. O espectador lê o significado sugerido pelo artista através da "colagem" dos fragmentos, através do texto-legenda, sugestivo. As imagens-símbolos geradas, esvaziadas de sua individualidade perdem também o atributo essencial da fotografia, o instante, que de repente deixou de existir, arrastando consigo os traços dos rostos, os rastros das existências. Agora anônimas. Rostos sem rostos. Então, diante do espectador intrigado, desfilam os doutores solenes que precisam de mil chaves para desvendar os mistérios do ser



humano. Desfilam os líderes sem cabeça, os "príncipes de Galles" a gerar rostos vazios quadriculados.

O leitor pode também fazer uma outra tentativa, a de restituir a imagem primária, bem comportada na sua bidimensionalidade, sem vôos. Esboçar um rosto e devolver a imortalidade ao ser humano, igual ou diferente.

Mas o leitor também pode se deixar arrastar num jogo surrealista do fotógrafo. Então ele recorta os fragmentos dentro do universo tridimensional, doméstica e pendura-os, frações-realidades dentro da moldura preexistente. O retrato e o porta-retrato feitos por Bernardo Salcedo.

O ser humano, quando em grupo, se torna anônimo. O fotógrafo o torna mais anônimo ainda. Os rostos ausentes se transformam em lâmpadas foscas, cérebros apagados, iguais. A única individualidade do homem é a imposta pelas regras da sociedade. O modo de cruzar as pernas, o modo de segurar as mãos enlaçadas, ajuizadas, manchas brancas iguais sobre os trajes pretos iguais. De vez em quando dentro da imagem (ou da realidade) uma revolta calma num cruzar de pernas indisciplinado, num vestir diferente "personificado". Os "rostos ausentes" são colocados na presença de dois espectadores. Um que o fotógrafo escondeu lá dentro da foto, no vão da porta a observar calmamente os companheiros anônimos e a espreitar às furtadelas a câmara e ... você, o outro que surgiu de outro lado da imagem. Espectador real.

São dois os fotógrafos brasileiros convidados a participar da 17ª Bienal: Cravo Neto e Miguel Rio Branco.

Cravo Neto traz retratos e esculturas, lado ao lado, interpenetração das vivências. As da lona surrada do caminhão, impregnada por tudo que viu e viveu. As dos rostos penetrados além dos traços, atingidos na sua própria matéria: grão de pele, fragmento do osso, tensão do músculo. A lona, o fundo vivo das andanças. A lona, o fundo neutro dos retratos. Fotografia.

Miguel Rio Branco arrasta o espectador numa viagem de sensações e de descobertas (montagem de Simone Raskin). Os *slides* são projetados num ritmo alucinante. O formato das imagens a se encontrarem e despedirem sobre os panos transparentes gigantes é imprevisto, mutante. As imagens e o som surdo, sem forma, envolvem o espectador num clima angustiante. E você, como se estivesse no centro de uma teia de aranha se debate, rodopia, quer atar o seu olhar a uma "visão", quase o consegue. Não, a imagem já escapou e se projeta no outro lado da tela, mancha colorida andante. Então, submisso, você se deixa invadir pelas imagens, memórias conscientes e inconscientes do fotógrafo. As fotos são alinhavadas com a figura do Amau, amigo surdo-mudo; com seu sorriso, seu gesto, sua "fala". Mas as imagens-memórias não são dele; são as do Miguel. Então o espectador não consegue improvisar um diálogo com o garoto, rosto-carta aberta. O diálogo se torna mudo. Entre as multi-opções da leitura o fotógrafo excluiu uma. Ele não permite um parar das imagens, não permite uma troca de "palavras" com Amau. Palavras simples, como simples é Amau. E o espectador se despede do diálogo frustrado para mergulhar no mundo do fotógrafo. Na sua cabeça feita de superfícies sensíveis, camadas infinitas, transparentes, interpenetrantes gravam incessantemente as visões de fora, as visões de dentro. As suas.

Fotografia – informação e des-informação; memória e des-memória, afirmação e sugestão. Quando parada, convida para um diálogo mental e emocional; quando lançada num ritmo vibrante envolve você num mar de sensações viscerais. Bem presente nesta 17ª Bienal. Arte

# AINDA A LUTA DAS IMAGENS POR UM ESPAÇO MAIOR

STEFANIA BRIL

*IRIS*, N.367, 1984

Embora ocupando ainda modesto espaço em relação à sua constante e maciça presença no rol dos eventos artísticos em todo o mundo, a fotografia participou da 17ª Bienal de São Paulo com representantes de diversos países que conseguiram, ao menos, expor as manifestações das principais tendências contemporâneas da arte fotográfica. Trabalhos aqui comentados por Stefania Bril.

A fotografia não seria vanguarda bastante para, ilustre convidada, participar com toda a sua força da 17ª Bienal? Ou seria apenas a omissão dos curadores esquecidos da vida pulsante da fotografia? Ou acharam que esta Arte feita das tecnoimagens ficou já abafada pelas outras artes-técnicas transmissoras e distribuidoras de informações, sensações, reflexões (?), como os vídeos, computadores, *slowscan*. E no entanto a fotografia existe, e firme. Mas aqui, na Bienal, a sua representação é modesta. Aliás, não é a representação. O seu espaço é que é modesto. Mesmo assim o "gênio" da fotografia fez um "trabalho" às escondidas e, como resultado, as poucas propostas conseguem espelhar as tendências essenciais da fotografia e induzem a refletir sobre a imagem. Sobretudo elas põem em evidência o *quatuor*: fotógrafo, objeto fotografado, imagem, espectador. E... a câmara, também presente. Ingredientes essenciais da fotografia.

Por acaso ou por golpe da sorte os enfoques dos trabalhos apresentados são bem diferentes e propícios a serem discutidos:

A imagem, como resultado de uma pesquisa sociológica: espelho-da-realidade, retrato de um povo; o penetrar do ser humano através do seu ambiente (Zofia Rydet — Polônia).

A imagem a desafiar o seu próprio significado e ao embutir um elemento real atingir a terceira dimensão (Bernardo Salcedo — Colômbia).

A imagem parada a se deixar arrastar numa dança e, feita das visões fotográficas, as do fotógrafo e do fotografado, tentar alcançar os dois. E o espectador também (Miguel Rio Branco — Brasil).

A imagem a atrair para um mundo mágico, feito da cor, do indefinido, do esboçado apenas e no entanto um "instante rigoroso". A foto, produto da técnica a se aventurar num mundo de magia. O mundo aberto para os iniciados, os que participam, os que captam e os que imaginam (Pierre Keller — Suíça).

A Suíça teve a coragem de ocupar todo o espaço disponível pela fotografia. Gigante. Não a realidade. Poesia. A técnica rigorosa, instantânea (Polaroid), sem retoque a se entregar à magia. Visões coloridas, ampliações gigantes, restos e gestos indefinidos, adivinhados apenas. O fotógrafo atrai para adentrar a noite louca, colorida, poço de sensações, fundo do poço. Encontro com o erotismo cru através das fugas e perseguições, através das viagens. Quem sabe, numa delas o olhar de Pierre Keller poderia ter esbarrado na câmara do fotógrafo William Betsch (William, conforme notícia de última hora você ganhou o prêmio do livro pela Kodak francesa; parabéns!) lá no Cairo, ou no Fez, os banhos de *hammam*, onde, como diz a crítica francesa Carole Naggar ao comentar este trabalho: "... O acaso e a repetição se misturam. Acaso dos gestos espontâneos onde se revela o inconsciente. Repetição dos gestos rituais conhecidos de antemão..." Pierre Keller envolve o espectador num clima deste mundo proibido, misterioso; ele o faz partilhar as sensações "roubadas": grito, soluço, espasmo do homem azul "baconeano", força engradada dos músculos tensos, gestos dos corpos, esboços e manchas acariciados pela noite. O fotógrafo torna o espectador confidente do "ato fotográfico" perigoso, proibido. O faz o momento e a imagem e induz através das memórias e dos sonhos para se lançar numa viagem. Viagem à procura e à redescoberta de si próprio. Fotógrafo e espectador, cúmplices.

A viagem com a fotógrafa polonesa Zofia Rydet é bem diferente. Ela convida para adentrar as casas, adentrar as pessoas, as da sua terra. É uma fotografia social. Não a que reivindica, mas a que conta o dia a dia. São retratos da gente humilde, aquela que Chico Buarque faz sentar na calçada; aquela que a fotógrafa aconchega dentro do lar. A gente do campo. O urbano torna o ser humano anônimo; a terra "fertiliza" a individualidade, fortalece as raízes. Terra, celeiro das tradições que "se transmitem de uma geração para a outra, através da palavra, através da imagem". Aquela do passado, dependurada na parede, álbum de família aberto, fotos dos antepassados a mexericar com as imagens santas, amigas, que em branco e preto irradiam a cor pastel, cor florida. Os velhos de rostos brancos, fofos, apoiados sobre os travesseiros também brancos e fofos (aposto que feitos de plumas e penas) parecem esperar tranquilamente o momento de ganharem a moldura e se transformarem em imagens a serem dependuradas na parede. Ao lado das imagens santas. Às vezes o lar lembra os "abrigos" de Jacob van Rijs, os do fim do século passado; paredes cruas rebocadas apenas. E de repente a moradia se enfeita com um sofá, uma mesa que se acha tão importante que empurra os moradores para o canto da sala, tímidos.

O trabalho lembra o ensaio do curitibano João Urban sobre os polacos, lá no Paraná. As moradias se aparentam. Parece que os colonos transportaram as paredes já decoradas diretamente da sua terra natal. É só pregar. Pronto, favor entrar. Os velhos, os de Urban e os de Zofia Rydet, são iguais: rígidos, sérios, duros, diante da câmara, diante da vida. E os jovens? Os que habitam as imagens da fotógrafa polonesa, pose acanhada, parecem se desculpar por existir, por ocuparem um espaço tímido neste mundo. Os "polacos brasileiros" de João Urban abrem os rostos num sorriso franco. É só o "clic" silenciar e vão se arrancar da imagem. Enquanto os da Zofia Rydet esperam bem comportados, dentro do quadro.

Sacrilégio. Duvidar da imortalidade, apagar os rostos-memórias, desfazê-los do passado. O colombiano Bernardo Salcedo desafia o imutável, o eterno da fotografia ao desafiar o seu significado. Mas não a sua forma física, a sua bidimensionalidade; ao contrário, a sublinha pelo confronto dos planos, pelo confronto das ideias e pela introdução audaciosa de tridimensionalidade através de um fragmento real, e pendurando a realidade palpável dentro da fotografia. E neste confronto entre o plano e o volume, entre a imagem primária e a construída pelo artista pela adjunção dos elementos novos, nasce uma fotografia-objeto, dotada de um novo significado, a abrir o leque das leituras possíveis. O espectador lê o significado sugerido pelo artista através da "colagem" dos fragmentos, através do texto legenda, sugestivo. As imagens-símbolos geradas, esvaziadas de sua individualidade, perdem também o atributo essencial da fotografia, o instante, que de repente deixou de existir, arrastando consigo os traços dos rostos, os rastros das existências. Agora anônimas. Rostos sem rostos. Então, diante do espectador intrigado, desfilam os doutores solenes que precisam de mil chaves para desvendar os mistérios do ser humano. Desfilam os líderes sem cabeça, os "príncipes de Gales" a gerar rostos vazios quadriculados.

O leitor pode também fazer uma outra tentativa, a de restituir a imagem primária, bem comportada na sua bidimensionalidade, sem voos. Esboçar um rosto e devolver a imortalidade ao ser humano, igual ou diferente.

Mas o leitor também pode se deixar arrastar num jogo surrealista do fotógrafo. Então ele recorta os fragmentos dentro do universo tridimensional; domestica e pendura-os, frações-realidades dentro da moldura preexistente. O retrato e o porta-retrato feitos por Bernardo Salcedo.

O ser humano, quando em grupo, se torna anônimo. O fotógrafo o torna mais anônimo ainda. Os rostos ausentes se transformam em lâmpadas foscas, cérebros apagados, iguais. A única individualidade do homem é a imposta pelas regras da sociedade. O modo de cruzar as pernas, o modo de segurar as mãos, enlaçadas, ajuizadas, manchas brancas iguais sobre os trajes pretos iguais. De vez em quando dentro da imagem (ou da realidade) uma revolta calma num cruzar de pernas indisciplinado, num vestir diferente "personificado". Os "rostos ausentes" são colocados na presença de dois espectadores. Um que o fotógrafo escondeu lá dentro da foto no vão da porta a observar calmamente os companheiros anônimos e a espreitar às furtadelas a câmara e... você, o outro que surgiu de outro lado da imagem. Espectador real.

São dois os fotógrafos brasileiros convidados a participar da 17ª Bienal: Cravo Neto e Miguel Rio Branco. Cravo Neto traz retratos e esculturas, lado a lado, interpenetração das vivências. As da lona surrada do caminhão, impregnada por tudo que viu e viveu. As dos rostos penetrados além dos traços, atingidos na sua própria matéria: grão de pele, fragmento do osso, tensão do músculo. A lona, o fundo vivo das andanças. A lona, o fundo neutro dos retratos. Fotografia.

Miguel Rio Branco arrasta o espectador numa viagem de sensações e de descobertas (montagem de Simone Raskin). Os *slides* são projetados num ritmo alucinante. O formato das imagens a se encontrarem e despedirem sobre os panos transparentes gigantes é imprevisto, mutante. As imagens e o som surdo, sem forma, envolvem o espectador num clima angustiante. E você, como se estivesse no centro de uma teia de aranha, se debate, rodopia, quer atar o seu olhar a uma "visão", quase o consegue. Não, a imagem já escapou e se projeta no outro lado da tela, mancha colorida andante. Então, submisso, você se deixa invadir pelas imagens, memórias conscientes e inconscientes do fotógrafo. As fotos são alinhavadas com a figura do Amau, amigo surdo-mudo; com seu sorriso, seu gesto, sua "fala". Mas as imagens-memórias não são dele; são as do Miguel. Então o espectador não consegue improvisar um diálogo com o garoto, rosto-carta aberta. O diálogo se torna mudo. Entre as multiopções da leitura o fotógrafo excluiu uma. Ele não permite um parar das imagens, não permite uma troca de "palavras" com Amau. Palavras simples, como simples é Amau. E o espectador se despede do diálogo frustrado para mergulhar no mundo do fotógrafo. Na sua cabeça feita de superfícies sensíveis, camadas infinitas, transparentes, interpenetrantes gravam incessantemente as visões de fora, as visões de dentro. As suas.

Fotografia — informação e desinformação; memória e desmemória, afirmação e sugestão. Quando parada, convida para um diálogo mental e emocional; quando lançada num ritmo vibrante, envolve você num mar de sensações viscerais. Bem presente nesta 17ª Bienal.

# CRAVO NETO, RECRIANDO CRAVO JR. COM A LUZ.

STEFANIA BRIL

*IRIS*, N. 368, 1984

Deitou as esculturas sobre papel. Projetou-as no espaço. Vestiu-as de luz, pincelou com mil cores. Documentou sem copiar. Gestação lenta, meditação intensa, conhecimento profundo, sentir amoroso.

Mario Cravo Neto, não o interpretar, mas o viver das esculturas do Mario Cravo Jr., nas páginas do livro (*Cravo* — esculturas de Mario Cravo; fotografias de Cravo Neto, ed. Cravo Neto e Áries Editora). Viver intensamente, luminosamente. Parece que o livro foi talhado, que nem escultura, página por página; que foi pincelado, que nem uma tela, traço por traço, e tratado com generosidade. Sem medo de deixar os espaços brancos a delinear os limites da sombra e da luz; sem medo de esbanjar o negro que, luminoso, "sangrando" conquista, às vezes, a página dupla. Espaço negro, moradia das esculturas.

Cravo Neto, fotógrafo criativo, pintor requintado. Qual é o segredo da sua paleta a conseguir as nuanças tímidas do azul sobre o dourado áspero a agarrar e aconchegar as esculturas; qual o segredo do roxo esfumaçado onde penetra a figura quixotesca do Cristo andante, onde agoniza o corpo trágico do Cristo musculoso crucificado.

São as presenças da areia ocre-dourada, do mar azul espumante, do céu noite e do preto, chapado, sem textura que, incorporados na imagem, fundos "não neutros", parecem condicionar o comportamento das esculturas. Condicionar? Não. A fazer explodir as suas formas, livremente. E o fotógrafo, aquele que inventou e construiu o clima apropriado, que transportou a escultura de um ambiente para outro, parece agora "observar" com o seu olhar e sua câmara o comportamento da escultura. O leitor leva a impressão de que Cravo Neto se deixou primeiro penetrar pela pedra, madeira, ferro, pela forma, volume, peso, pelo "ser escultórico", absoluto para só depois encontrar a moradia definitiva-temporária para a obra de arte. E criar uma nova, aliás, novas.

Vocês perceberam que o ser humano não muda em função do ambiente? Despojado "do ar livre"; engomado, engravatado dentro de um "quarto executivo"; embriagado com a palavra, o gesto dentro de um boteco "batucante". O mesmo acontece com uma obra de arte. Obra aberta adquire novas facetas quando colocada dentro de uma moradia nova. É isso que acontece no livro. Olhem só o Cristo baiano de Mario Cravo Jr. Força irradiante, energia ardente, grito contido, trágico quando, figura ocre-dourada, é jogada sobre a superfície negra. Você vira a página e o mesmo Cristo, ferro em fusão, já queimou, gastou toda a energia. Mas vocês sabem, a energia nunca se perde; então o Cristo Baiano "preto" queimado, os pés fincados no chão ocre, áspero, ardente, doou toda a sua força. E parece que nesta troca de energias é a terra que se tornou vencedora, a terra cor da página do livro, a terra elemento orgânico, propriedade do universo, propriedade da obra de arte. A do Cravo Neto.

E ao folhear o livro cada página presenteia o espectador com uma nova descoberta. As esculturas feitas da matéria resinada, superfícies lisas, pigmentadas, se tornam mais lisas ainda na mão e câmara de Cravo Neto. Constelações, poços de luminosidade suspensos no ar. Satélites parados, andantes.

No livro você vê e lê a obra de Mario Cravo Jr., as imagens e os trechos dos textos dos críticos; você sente o poder da recriação da obra, o de Cravo Neto. Uma transposição do tridimensional para o bidimensional. Um bidimensional formal apenas, já que as esculturas escapam da superfície do papel e projetadas no espaço integram o universo feito dos elementos primários, simples, habitado por um elemento mais complexo, o ser humano. É este que, uma sombra, projeta-se sobre as paredes das esculturas; é este que, gente, penetra e se deixa penetrar por elas. Esculturas protegidas e protetoras, molduras e essências.

O livro é um encontro entre dois artistas-operários, a construírem uma obra nova. Generosos, eles convidam o leitor a participar desta criação. Um leitor privilegiado a penetrar os mistérios da matéria, da cor, da luz, da forma e a modelá-las, junto com os autores. Nas páginas do livro. (Nas páginas seguintes as fotos de Mario Cravo Neto.)

LIVROS

# Cravo Neto, recriando Cravo Jr. Com a luz.

Deitou as esculturas sobre papel. Projetou-as no espaço. Vestiu-as de luz, pincelou com mil cores. Documentou sem copiar. Gestação lenta, meditação intensa, conhecimento profundo, sentir amoroso.

STEFANIA BRIL

Mário Cravo Neto, não o interpretar, mas o viver das esculturas do Mário Cravo Jr., nas páginas do livro ("Cravo, – esculturas de Mário Cravo; fotografias de Cravo Neto", ed. Cravo Neto e Aries Editora). Viver intensamente, luminosamente. Parece que o livro foi talhado, que nem escultura, página por página; que foi pincelado, que nem uma tela, traço por traço, e tratado com generosidade. Sem medo de deixar os espaços brancos a delinear os limites da sombra e da luz; sem medo de esbanjar o negro que, luminoso, "sangrando" conquista, às vezes, a página dupla. Espaço negro, moradia das esculturas.

Cravo Neto, fotógrafo criativo, pintor requintado. Qual é o segredo da sua paleta a conseguir as nuanças tímidas do azul sobre o dourado áspero a agarrar e aconchegar as esculturas; qual o segredo do roxo esfumaçado aonde penetra a figura quixotesca do Cristo andante, onde agoniza o corpo trágico do Cristo musculoso crucificado.

São as presenças da areia ocre-dourada, do mar azul espumante, do céu-noite e do preto, chapado, sem textura que, incorporados na imagem, fundos "não neutros", parecem condicionar o comportamento das esculturas. Condicionar? Não. A fazer explodir as suas formas, livremente. E o fotógrafo, aquele que inventou e construiu o clima apropriado, que transportou a escultura de um ambiente para outro parece agora "observar" com o seu olhar e sua câmara o comportamento da escultura. O leitor leva a impressão que Cravo Neto se deixou primeiro penetrar pela pedra, madeira, ferro, pela forma, volume, peso, pelo "ser escultórico", absoluto para só depois encontrar a moradia definitiva-temporária para a obra de arte. E criar uma nova, aliás novas.

Vocês perceberam que o ser humano muda em função do ambiente? Despojado ao ar livre; engomado, engravatado dentro de um "quarto executivo"; embriagado com a palavra, o gesto dentro de um boteco "batucante". O mesmo acontece com uma obra de arte. Obra aberta adquire novas facetas quando colocada dentro de uma moradia nova. É isso que acontece no livro. Olhem só o Cristo baiano de Mário Cravo Jr. Força irradiante, energia ardente, grito contido, trágico quando, figura ocre-dourada é jogada sobre a superfície negra. Você vira a página e o mesmo Cristo, ferro em fusão, já queimou, gastou toda a energia. Mas vocês sabem, a energia nunca se perde; então o Cristo Baiano "preto" queimado, os pés fincados no chão ocre, áspero, ardente doou toda a sua força. E parece que nesta troca de energias é a terra que se tornou vencedora, a terra cor da página do livro, a terra elemento orgânico, propriedade do universo, propriedade da obra de arte. A do Cravo Neto.

E ao folhear o livro cada página presenteia o espectador com uma nova descoberta. As esculturas feitas da matéria resinada, superfícies lisas, pigmentadas se tornam mais lisas ainda na mão e câmara de Cravo Neto. Constelações, poços de luminosidade suspensos no ar. Satélites parados, andantes.

No livro você vê e lê a obra de Mário Cravo Jr, as imagens e os trechos dos textos dos críticos; você sente o poder da recriação da obra, o de Cravo Neto. Uma transposição do tridimensional para o bidimensional. Um bidimensional formal apenas, já que as esculturas escapam da superfície do papel e projetadas no espaço integram o universo feito dos elementos primários, simples, habitado por um elemento mais complexo, o ser humano. É este que, uma sombra, projeta-se sobre as paredes das esculturas; é este que; gente, penetra e se deixa penetrar por elas. Esculturas protegidas e protetoras, molduras e essências.

O livro é um encontro entre dois artistas-operários, a construírem uma obra nova. Generosos, eles convidam o leitor a participar desta criação. Um leitor privilegiado a penetrar os mistérios da matéria, da cor, da luz, da forma e a modelá-las, junto com os autores. Nas páginas do livro.

**(Nas páginas seguintes as fotos de Mário Cravo Neto)**

26

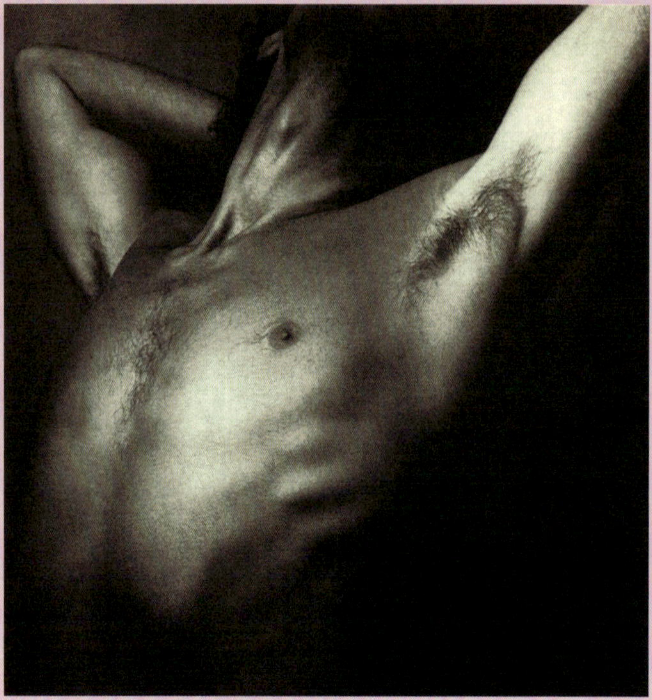

# MARIO CRAVO NETO: POETA E ESCULTOR DA LUZ

STEFANIA BRIL

*IRIS*, N. 393, 1986

Barganha em torno da fotografia. Arte em cinquenta ou cem por cento. Criatividade total ou partilhada com a do real, quadro pronto... Seria só apertar o botão? Quadro? Vem uma comparação imediata com a pintura. Seria redundância? De novo, aquele antigo confronto: fotografia *versus* pintura, "arte menor" *versus* "arte nobre"? Pergunta já gasta, mas que surge natural, neste bate-papo com Mario Cravo Neto. Fotógrafo e escultor. Aliás, simplesmente, Artista. E, sobretudo, poeta, moldando a sua poesia com luz.

"Basicamente a luz é tema do meu trabalho. O segredo da sua captação? Talvez eu seja 'minimalista' dentro da fotografia. Porque não vejo a luz no seu contexto global, vejo mais os feixes da luz."

Então, você fragmenta, delimita? "Nem fragmento, nem delimito. Nas outras artes, sim, é o artista que fragmenta; mas, na fotografia, a imagem já está fragmentada na natureza. O fotógrafo só escolhe e organiza. A diferença essencial é que na pintura, no desenho, tudo sai da mão do artista."

E, na fotografia, não sairia do "olhar do artista"? Mario deixa-se convencer. O sorriso meio sério, meio maroto, igualzinho ao do "baiano" da capa do seu último livro, ele refaz o cálculo especial. Fotográfico. "Vamos lá. A criatividade na fotografia? Cem por cento sai do olhar do artista e os outros cem por cento são resultado da criatividade da natureza. Agora é só fazer a soma. Você está contente? A fotografia seria a única arte de criatividade de duzentos por cento."

Ainda bem que, às vezes, a fotografia sai vencedora. Arte que, ainda hoje, frequentemente, é considerada "arte menor" (ignorância absurda!).

A sua fotografia seria minimalista no seu aspecto puramente plástico? "Não, isso não tem nada a ver com a *minimal art*, momento importante na história das artes plásticas: arte programada, intelectual, produzida." A do Mario seria ao mesmo tempo minimalista (por causa do momento da visualização da luz) e gestual, características incompatíveis nas artes plásticas. (Pôxa, então a criatividade seria não só a do olhar, mas a do gesto também?

Cuidado, Mario, logo chegaremos a 300% de criatividade!). Mario prossegue: "Imagine eu fotografando as festas populares, aquelas festas que viajam, pela Bahia, junto com seus banquinhos e... param nas páginas do meu livro. Você acha que vou lá 'normal'? Você me imagina assim, parado, dentro desta confusão fantástica, desta vibração contagiante das multidões? A gente entra é na gandaia mesmo. Programo a minha máquina (Leica R4) de antemão, para obter aquela subexposição característica das minhas fotos, e depois... me lanço de corpo inteiro (e de alma também) na festança: me incorporo nela e ela me incorpora. Focar na objetiva? Nem pensar. O foco se faz no passo, na dança: um pouco mais perto, um nada mais longe. É caça meio 'alta' para afinar a focalização. A imagem é também fruto desta parte performática do fotógrafo. Eu fotografo bem de perto, lente normal ou a de 35 mm; mas ela abre demais, torna tudo confuso e deixa entrar os elementos que você gostaria de eliminar. Então fico com a 50 mm, ideal para as fotos de multidão. Como aqui, na imagem: a multidão, lá fora, aconchegada dentro do rasgo da luz, ficou esboçada apenas. Aqui, dentro da barraca, uma escuridão completa, só uma fresta luminosa, uma só. E a luz vem a calhar bem em cima da cerveja, no colarinho branco. Rebatedor improvisado que branqueia mais ainda a palma da mão negra. É isso aí, veja como é fácil 'montar' um estúdio improvisado: um fundo negro feito de corpos e cabeças negras e dois rebatedores de luz — um copo de cerveja (imagine se fosse garrafa, adeus rebatedor!) e uma tampinha de garrafa, rebatedor minúsculo, requintado." Você viu isso na hora? "Na hora eu não vejo nada, fico possuído. Vejo apenas um elemento que se enquadra ou não se enquadra."

E aqueles elementos que, sem serem enquadrados, de repente, aparecem na imagem? "É isso mesmo que existe na fotografia e que não existe nas outras artes. Os elementos que estão lá, que vão aparecer na imagem, até vão lhe dar a força total e que, no momento, você não viu. Enquanto, no ato de pintar, de esculpir, você está consciente de tudo que você faz."

Mas, isso vale para o seu estúdio improvisado, instantâneo, lá, dentro da barraca. E no seu estúdio de verdade, como aquele dos "retratos no fundo neutro", a relação fotógrafo-modelo não seria bem consciente? "Quem sabe, seria, mas sem que se aproxime da pintura. Claro, no estúdio é diferente. Local isolado, um indivíduo, só (aliás, dois!). É trabalho de longo fôlego, um duelo exaustivo, um face a face, tenso. Você vê tudo, detalhista, mesmo assim há descobertas, que aparecem depois, dentro de cada imagem."

Os seus "retratos no fundo neutro", por que em preto e branco? Quase que estou ouvindo a resposta esperada? Porque mais despojado, porque vai mais ao fundo, porque mergulha na "essência" do ser humano. Com Mario, porém, não teoria. Poeta, mas os pés bem fincados no chão: "Porque é mais econômico. Sabia? O artista tem que viver, também."

Seria então mais fácil viver em preto e branco? "Às vezes é, de qualquer jeito sempre é mais barato. E depois... as coisas acontecem, você simplesmente começa o seu trabalho em preto e branco, por qualquer razão, a mais prosaica, e depois... continua.

Aliás, os meus retratos, sejam em preto e branco ou em cor, são na verdade monocromáticos."

Haveria uma evolução nos retratos? "Houve mudança, sim, em 1984. No início, eu estava preocupado

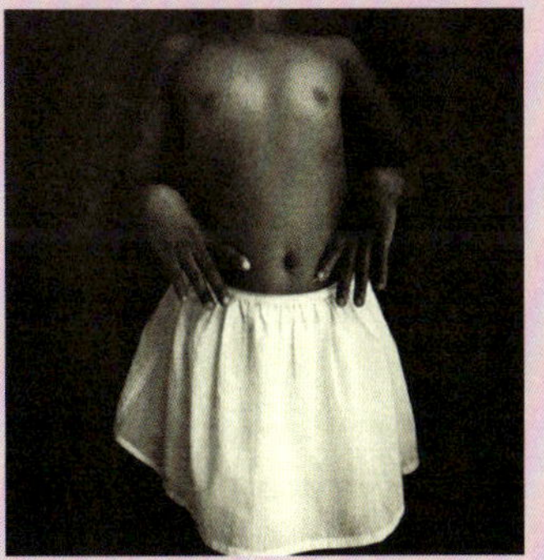

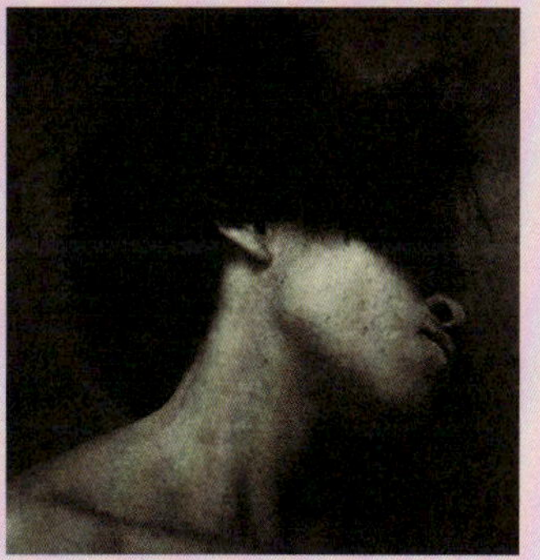

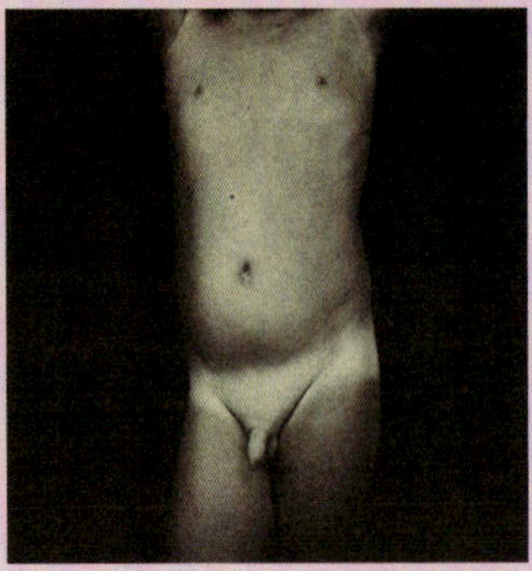

com o aspecto contemplativo: o que o modelo (o olhar meio perdido) conseguia transmitir para mim, através do seu semblante. Depois fui mais eu a moldar os corpos: tensão, fuga, luta, desafio. Fragmentos sintetizados, num perfil, pescoço, músculo, veia. Agora estou partindo para os retratos em movimento, e então entra um elemento novo, o *flash*. Por causa da luz. Esses sim serão retratos instantâneos. O que é mesmo difícil é a seleção, 'o retrato' final; você escolhe um, porque mais forte, porque contém mais elementos. Este negócio de 'conter' é a imagem que contém, mas nós é que dizemos o que ela contém." Nós, quem? Fotógrafo ou leitor? "Todos. Porque, na verdade, cada um visualiza o que tem dentro de si. Há um pedaço de mim em cada obra (haveria também um pedaço do leitor?). É isso mesmo que aprecio mais nos artistas, é a capacidade de conseguir levar o seu mundo interior, os seus sonhos para a imagem, exterior. E, através dela, comunicar com o outro, o leitor."

Você está "despedaçado" em tantas obras diferentes: Bahia, retrato, festas populares, a reinterpretação de arte — Mario Cravo por Cravo Neto... Como é que você amarra todos estes seus "pedaços"? Vem de novo uma resposta imprevisível: "Porque gosto de música". Mario é isso. Você, como qualquer entrevistador que se respeita, planeja tudo direitinho: já percorreu, com paixão, a obra de Mario, mergulhou nela de cabeça. Agora está bem preparado para soltar as perguntas inteligentes, ir ao cerne da questão. Perguntas cujas respostas quase já conhece — ou pensa conhecer. E... de repente, Mario desmonta tudo. Como é frágil o esquema "infalível" de entrevista. "Porque gosto de música"... Deboche ou verdade? Verdade, sim. Mario não toca nada, mas gosta, ama a música: erudita, clássica, popular. Cada uma no momento certo.

Você consegue conciliar, ao mesmo tempo, a escultura e a fotografia, ou há fases? Mario, 1983: "Elas acontecem, mas não no aspecto conceitual: acontecem, porque existe o fator tempo. É simples (como são simples e diretas as respostas de Mario). Se você dá 90% para uma arte, então sobra bem pouco para a outra. É um fator físico, ainda não aprendi a me desdobrar. Mas, de modo geral, um tipo de atividade até estimula a outra."

Escultura, fotografia, poesia... Como entra a poesia na tua obra? "A poesia e a fotografia seguem caminhos paralelos. A fotografia é escrita rápida, como o é a poesia. Você pensou, você escreveu. Na realidade, as minhas fotografias são poesias visuais. A poesia como um elemento ancestral que você carrega dentro e depois vai buscar no fundo do seu espírito. E a imagem poética é imagem que o artista traz dos seus subterfúgios, dos túneis que nós todos possuímos. É só explorar e... pôr para fora. São estas imagens carregadas da 'poesia ancestral' que tocam mais e que se comunicam com os outros seres humanos. E o importante do trabalho é tentar a comunicação com o outro ser humano através da visão poética da vida."

Visão poética da vida? Pensando bem, nunca vi violência alguma nas suas fotos, no entanto ela existe. "Até, às vezes, gostaria de fazer imagens de violência, só que não a vejo muito, passo por ela. Violento, para mim, não é um cadáver em si. Violência é incompetência, omissão, indiferença, estupidez ou uma simples falta de respeito para com o ser humano. Como aconteceu, faz pouco, no Rio, o incêndio do edifício Andorinhas. Aquelas pessoas morreram lá, daquela forma, porque os hidrantes não têm água, porque as portas estavam trancadas. Estupidez, omissão, crime. Há outros acidentes que me deixam angustiado. Como o acidente de *Challenger*: é explosão, é destruição dos sonhos humanos, dos desejos de descobertas, das aventuras que, de repente, explodem e morrem estupidamente. Me tocou muito, mas não me violentou. Não fiquei revoltado. Triste, só."

Sonhos, realidade, poesia, imagem. Vamos amarrar tudo e levar, a Paris, dentro do meu projeto texto/imagem? O seu projeto já está pronto? "Fiz o projeto em 48 horas: uma loucura, de repente, você fica possuído e arma tudo, outras vezes pode levar meses. É projeto de um livro, *Espírito sem nome*, que trata puramente da poética do meu ser, da minha visão do mundo nestes últimos vinte anos. É seleção de imagens que, através de uma sequência, permitem uma leitura. São simplesmente imagens de que gosto: não me preocupo se é imagem de realidade ou de televisão, nem o tema é preconcebido. Deixo as fotos fluírem e... amarro-as numa sequência. Depois, vou recolhendo os fragmentos de textos para aquelas imagens. Não, agora desdigo tudo e digo: eu procuro as imagens para mim, procuro os textos para mim e aí nasce uma terceira linguagem, sequência e consequência de tudo." Mario Cravo Neto, sonhador e poeta, é batalhador também, que sabe realizar os seus sonhos. Sorte nossa. Hospitaleiro, ele deixa as portas das imagens bem escancaradas e convida o outro, o leitor a mergulhar: dentro da imagem e dentro de si próprio. Para o reencontro entre as duas poesias da vida.

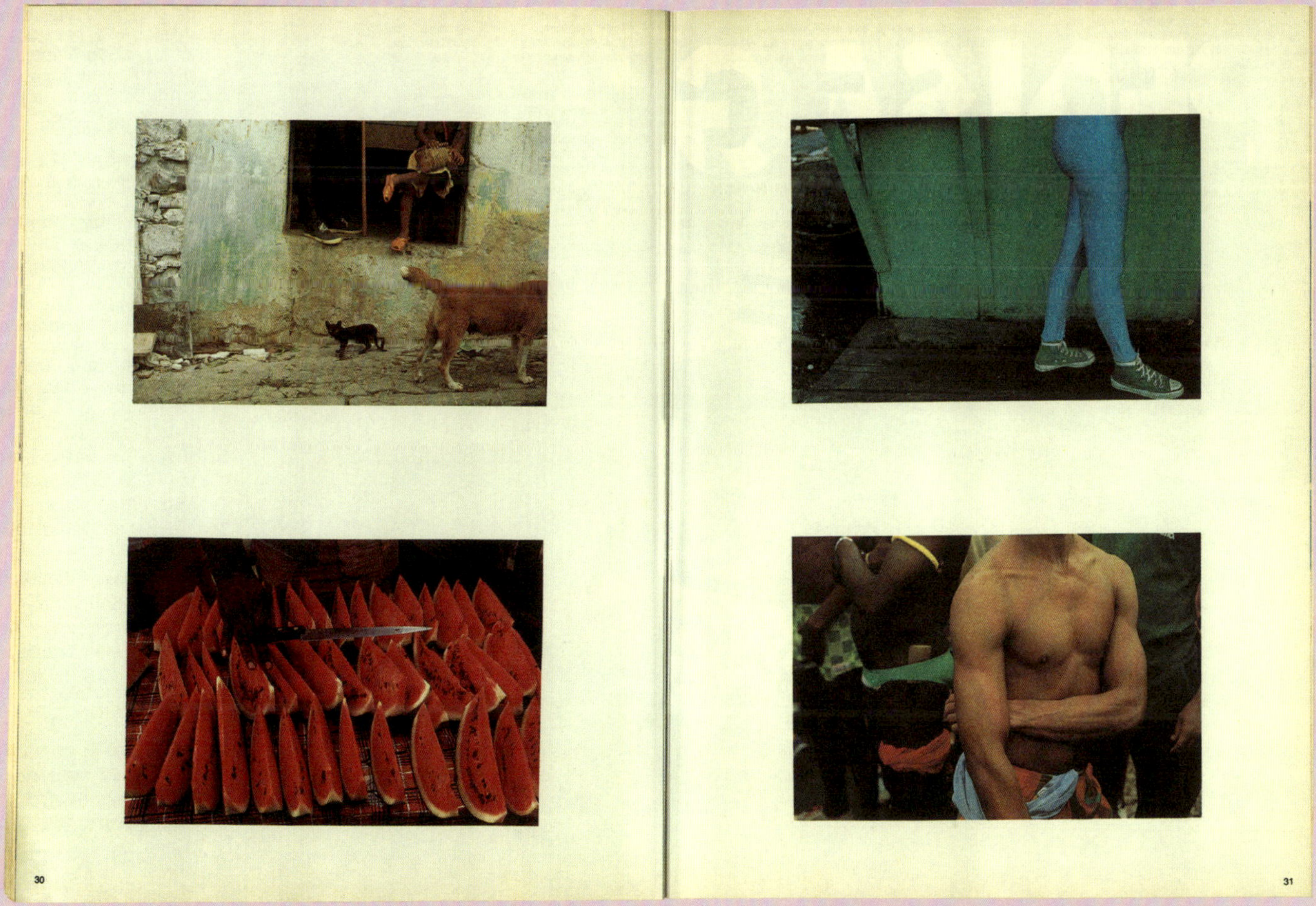

# Competição na Bienal Não Tira Estímulo de Artista

Mesmo considerando que a Bienal de São Paulo está decadente, porque ainda existe a competição para os artistas que nela expõem, Mário Cravo Neto concorda em participar dela. Ele argumenta que se trata de uma exposição com artistas internacionais e de júri composto de membros internacionais, o que, de certa forma, dá projeção e isto é bom para o artista.

Falando e mostrando as fotografias que compõem o seu trabalho que vai expor a partir de amanhã na Galeria de Arte da Bahia, Mário Cravo Neto, que foi convidado a participar da XII Bienal de São Paulo, em sala especial, acha que o artista deve sempre desenvolver seu trabalho, buscando novas formas e nunca estacionar.

BIENAL

Para Mário Cravo Neto o artista deve se tornar conhecido do público se projetar, mostrar seus trabalhos e, por isto, ele, mesmo indo participar da XII Bienal de São Paulo, que se inicia no dia 5 de outubro próximo, como convidado, disse que para participar dela ele se submeteria a seleção prévia dos trabalhos, como aconteceu recentemente em Salvador com os artistas que estavam concorrendo para isto.

Ele explica que se submeteria à seleção prévia, "porque eu não estou me sentindo tão porreta assim". Quanto aos artistas que, mesmo convidados, se recusam a participar da bienal, Mário Cravo Neto declarou que se trata de política, às vezes promocional, citando o exemplo de Maria BomNome, que no seu catálogo escreveu que se recusou a participar, mesmo sendo convidada.

"Eu participei da Bienal de São Paulo anterior, porque estava expondo uns trabalhos que havia feito nos Estados Unidos e como eles gostaram me convidaram para participar" — disse Mário Cravo Neto, acrescentando que foi convidado não por causa do nome artístico de seu, que, segundo ele, poderia até prejudicar por causa de sua recusa em participar dela, mas pelo valor artístico de seus trabalhos. Ele disse que, na oportunidade, ganhou o prêmio Governador do Estado de São Paulo, o que implicaria em ser convidado para participar da próxima bienal sem necessidade de seleção prévia.

O jovem artista baiano, na XII Bienal de São Paulo, terá uma sala especial, talvez duas a depender dele, onde irá instalar suas obras que serão feitas lá mesmo. Segundo Mario Cravo Neto, de 26 anos de idade, já expondo diversas vezes, inclusive nos Estados Unidos, ele vai expor um "trabalho ambiental". Trata-se de colocar terra no chão, no total de 25 metros quadrados, colocando lampadas ao lado dela para dar sombra. Este trabalho ele vai expor aqui, só que em São Paulo não haverá o acrilico. "Em cima desta terra — diz ele — as pessoas podem passar por ela, deixando as marcas dos pés". Acrescentou que talvez utilize uma outra sala, onde vai colocar 36 fotos ampliadas de tamanho 50x60, onde ele mostra as chamas de fogo, as fotos foram feitas com fogo real, utilizando-se do fundo neutro e preto, para evidenciar as "nuances das chamas".

DESENVOLVIMENTO

Na conversa de Mario Cravo Neto nota-se perfeitamente que ele busca sempre alguma nova forma de expressão. "O artista sempre deve estar mudando. Ele deve fazer um trabalho consciente e o seu desenvolvimento é o que interessa" — disse ele, frisando que o trabalho deve ser desenvolvido dentro das necessidades interiores do artista, mesmo que ele se utilize das mais variadas formas de expressão. "O que importa é não estacionar mesmo que se venda menos as obras".

Quanto a esta forma variada de expressão, ele lembrou o "trabalho conceitual", que "deu mais abertura em relação ao curso das artes, no total de 360 graus" — disse ele, frisando que, em seu caso particular, ele quer mostrar a sua relação com a natureza, não importando que a técnica seja diferente, como utilizando o acrilico, fotografia etc., porque a concepção da realidade é a mesma.

A uma pergunta do repórter sobre a influência recebida de seu pai, Mario Cravo Neto, ele não respondeu, preferindo mostrar a diferença entre seus trabalhos e o do pai.

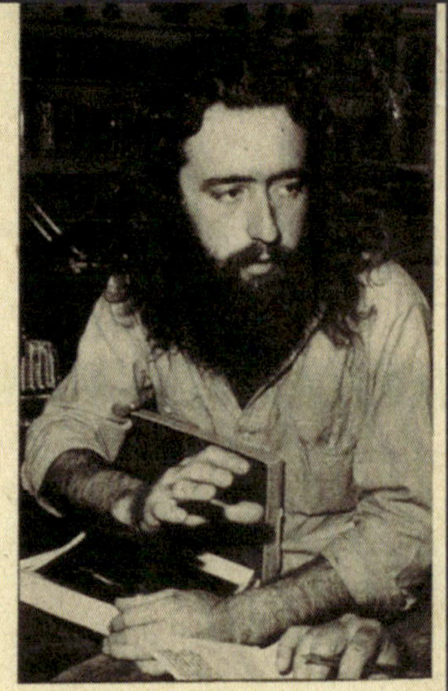

MÁRIO CRAVO NETO

"Nossos estilos são diferentes e isto se pode ver nos trabalhos, porque eu me utilizo, além de escultura, o ramo das fotografias" — volta a dizer Mario Cravo Neto, explicando que a ideologia dos dois é a mesma, porém a interpretação é diferente, quanto à natureza.

EXPOSIÇÃO

A exposição de Mario Cravo Neto inicia amanhã às 21 horas, na Galeria de Arte da Bahia, localizada no Largo da Mariquita, no Rio Vermelho, permanecendo até o dia 7 de setembro.

O material a ser exposto é composto de esculturas, em acrilico, rezina poliester e matéria organica: terra, areia e carvão; fotografias apresentando as chamas do fogo em várias situações; filmes Super 8, com duração de 13 minutos, ele inscreveu na Jornada Nordestina de Curta Metragem; e slides com dispositivo colorido. Para os slides e a projeção dos Filmes Super 8, haverá uma sala especialmente para isto.

"COMPETIÇÃO EM BIENAL NÃO TIRA ESTÍMULO DE ARTISTA", 05/10/1973
ACERVO INSTITUTO MARIO CRAVO NETO

Quarta-feira, 1/9/71 □ 1.º Caderno
JORNAL DO BRASIL

# XI Bienal conclui premiação

São Paulo (Sucursal) — O Júri Internacional de Premiação da XI Bienal de São Paulo — que deu ao artista espanhol Rafael Canogar o Grande Prêmio Itamarati de 10 mil dólares (cêrca de Cr$ 50 mil) — distribuiu ontem à tarde mais sete prêmios para artistas brasileiros e 12 para estrangeiros, completando-se assim um total de 20.

O Bienal de São Paulo, que já tinha sido atribuído ao brasileiro Paulo Roberto Leal, o colombiano Omar Rayo, o italiano Nicola Carrino e o alemão Gunther Uecker — Cr$ 12,5 mil a cada um — foi ontem concedido também ao suíço Alfred Hofkunst, o argentino Libero Badii, o iugoslavo Vjenceslau Richter e o japonês Haruhiki Yasuda.

OUTROS PRÊMIOS

O argentino Davite recebeu o Prêmio Banco de Boston, de Cr$ 12,5 mil, e o italiano Giuseppe Capogrossi, o Prêmio 20 Anos de Bienal, de Cr$ 10 mil.

O brasileiro Mário Cravo Neto ganhou o Prêmio Governador do Estado de São Paulo (Cr$ 5 mil), dado à "obra de pesquisa mais relevante de expositor brasileiro", e outro brasileiro, Luís Alfonsus, o Prêmio Prefeitura do Município de São Paulo (Cr$ 5 mil).

O Prêmio Francisco Matarazzo Sobrinho, para latino-americanos, no valor de 600 dólares (cêrca de Cr$ 3 mil), coube a Luiz Diaz, da Guatemala, e o Wanda Svevo, para gravura, também latino-americano, no valor de Cr$ 1 mil, foi para a brasileira Isabel Pons.

# Mário Cravo Neto expõe obra num velho depósito

SALVADOR (O GLOBO) — Um velho depósito de máquinas e soldas na parte comercial da cidade foi o local escolhido pelo fotógrafo e escultor Mario Cravo Neto para abrigar sua nova exposição de esculturas intitulada "O fundo neutro".

São 18 trabalhos, expostos desde o último dia 20 para um público nem sempre familiarizado com mostras de arte: ao lado de artistas, intelectuais e estudantes, têm comparecido ao local bancários, comerciários, vendedores de cafezinho e de cachorro-quente, que trabalham no comércio, área da cidade baixa onde está instalado o depósito/galeria.

— A idéia de encontrar um espaço como esse para mostrar o tipo de escultura que venho fazendo vem me estimulando há muito tempo. As galerias de arte não têm espaço suficiente para colocar as minhas composições e achei esse velho depósito, que considero ideal, pois além de amplo é um espaço que já foi bastante trabalhado pela mão humana — explica ele.

O depósito/galeria de arte, onde até há bem pouco tempo Mário comprava pasta para polir acrílico, tem 300 metros quadrados, e, segundo ele, com "a textura do manuseio e muitos objetos surrealistas". Entre as coisas que figuram na segunda categoria estão uma porta e uma pequena pia situada a mais de dois metros de altura, que pertenciam a um mezzanino onde ficava um banheiro. Com a retirada do banheiro e do próprio mezzanino, retiraram a porta e a pia, que aparecem presas à parede numa posição, no mínimo, estranha.

O material usado nos trabalhos combina com o velho depósito, já alugado a uma firma de material elétrico, mas emprestado ao artista: são câmaras de ar, pedaços de folhas de metal, tubos de borracha e insetos (influências da época em que Mário Cravo estudava entomologia) tendo sempre por fundo imensas lonas usadas, que fazem o "fundo neutro".

Entre os trabalhos expostos estão composições com câmara de ar e uma lona de 7m x 5m e com uma coleção de material fotográfico imprestável. Trata-se de um conjunto de máquinas e lentes que foi roubado do artista e depois incendiado, porque os autores do roubo brigaram na hora de distribuir as peças entre si. Essa coleção se apóia numa lona de 3m x 5m.

— Gosto de dialogar com as coisas que passam a existir só por força das circunstâncias — comenta Mário Cravo Neto, a propósito deste trabalho.

Há também um ninho de passarinho feito de "fiberglass" retirado pelas aves do estúdio do artista. "A mudança radical dessas aves ao optarem naturalmente por um novo material, formou o elo perdido, ligação entre organicidade existencial e tecnologia", escreveu, ao lado da obra, o artista, que já expôs o ninho na 16ª Bienal de São Paulo.

Uma composição de Cravo Neto: máquinas fotográficas e sobressalentes queimados

Mário Cravo Neto e sua "escultura"

"MARIO CRAVO EXPÕE OBRA EM UM VELHO DEPÓSITO", *O GLOBO*, 1982
ACERVO INSTITUTO MARIO CRAVO NETO

**BIENAIS DE 1971 E 1973 E DESDOBRAMENTOS**

Depois de retornar ao Brasil em finais de 1970, Cravo Neto é logo convidado para participar da 11ª Bienal de São Paulo de 1971. Leva para a exposição um conjunto de esculturas com acrílico, areia e plantas. O trabalho é muito bem recebido e o artista ganha o Prêmio Governador do Estado, dado para a obra brasileira de maior destaque no certame. Na Bienal seguinte, a 12ª em 1973, é novamente selecionado. Apresenta uma enorme instalação com terra no chão de 25 m² e uma sala com 36 fotografias da série do Fogo (50 × 60 cm). Participa ainda da importante Bienal de 1983. Um ano antes, expõe sua obra em um velho depósito na Cidade Baixa, em Salvador, totalmente ocupado por esculturas concebidas a partir de objetos e materiais diversos, tendo como fundo neutro enormes lonas surradas e desgastadas.

MARIO NA ITÁLIA, DÉCADA DE 1960
TIRAGEM ORIGINAL/GELATINA E PRATA
ACERVO INSTITUTO MARIO CRAVO NETO

"A fotografia é como uma cicatriz no corpo, às vezes intrigante porque plasma o momento da ação. Por vezes direta e intencional, às vezes acidental e ocasional. Por ser diversa em seu significado, são marcas que contam mentiras diferentes. A função é como a de toda grande arte — unir os homens, aproximá-los de uma ideia comum. É como a poesia, a mais gestual das manifestações criadoras. Contém em si o sinal da cruz: o elo entre o céu e o inferno."

# MARIO CRAVO NETO (1947-2009)

Mario Cravo Neto, o Mariozinho, nasceu e morreu em Salvador, filho do escultor Mario Cravo Junior (1923-2018), um aglutinador da intelectualidade na Bahia e ícone da arte moderna brasileira. Nas décadas de 1950 e 1960, a cena artística baiana era efervescente, e Cravo Neto cresceu convivendo com os mais importantes artistas da Bahia, como o escritor Jorge Amado (1912-2001), o músico Dorival Caymmi (1914-2008) e o artista plástico argentino Carybé (1911-1997), que frequentavam a casa e o ateliê de seu pai e formavam uma espécie de irmandade, que ajudava os jovens baianos que se dedicavam às artes. Nomes como Caetano Veloso (1942), Gilberto Gil (1942-) e Maria Bethânia (1946), contemporâneos amigos de Cravo Neto, se tornariam, como ele, importantes artistas na história da cultura nacional.

Outros amigos próximos de Cravo Junior eram a arquiteta e *designer* italiana Lina Bo Bardi (1914-1992), primeira diretora do Museu de Arte Moderna da Bahia, inaugurado em 1960; e o antropólogo francês Pierre Verger (1902-1996), muito influente na obra de Cravo Neto, que o considerava mais importante para o estabelecimento de uma linguagem na fotografia do que o francês Henri Cartier-Bresson (1908-2004).

**1947**

Mario Cravo Neto nasce em 20 de abril, em Salvador.

**1964-1965**

Mora em Berlim, na Alemanha, com seu pai, que participava do programa Artists on Residence, patrocinado pela Fundação Ford. Cravo Neto inicia suas experiências com esculturas em metal e também com fotografia. Realiza sua primeira exposição individual, na Galeria Convivium, em Salvador.

**1966**

Faz um curto estágio no laboratório da embaixada norte-americana no Rio de Janeiro com o fotógrafo alemão Hans Mann (1897-1966). Com ele, aprende a técnica da fotografia, a iluminação, o enquadramento e o trabalho de laboratório.

**1968**

Estuda com o fotógrafo italiano Fulvio Roiter (1926-2016), ganhador do Prêmio Nadar de 1956, que passa uma temporada em Salvador fotografando para o livro *Brasilien*.

**1969-1970**

Trabalha como *still photographer* na produção de *Meteorango Kid: o herói intergalático*, filme emblemático do cinema marginal, dirigido pelo também baiano André Luiz Oliveira (1948).

Em Salvador, conhece, por intermédio de seu pai, a dinamarquesa Eva Christensen (1938), com quem viverá até 1982. Em dezembro, o casal muda-se para Nova York, onde permanece até outubro de 1970. Cravo Neto estuda na Art Students League, sob a orientação de Jack Krueger (1941), um dos precursores da arte conceitual, que o apresenta à *Earth Art*.

Fotografa algumas obras para o catálogo da exposição *Information*, no Museu de Arte Moderna de Nova York, em cartaz de 2 de julho a 20 de setembro de 1970.

Após um colapso nervoso, volta para o Brasil, em outubro de 1970.

**1971**

Permanece alguns meses em São Paulo, e realiza a primeira exposição individual de suas esculturas na cidade, na Galeria Documenta.

Participa da 11ª Bienal de São Paulo, realizada entre 4 de setembro e 15 de novembro, com três esculturas em acrílico e uma em vidro Blindex. Recebe o Prêmio Governo do Estado de São Paulo.

MARIO, DÉCADA DE 1970
TIRAGEM ORIGINAL/GELATINA E PRATA
COLEÇÃO CHRISTIAN CRAVO
(FOTO: SERGIO MACIEL)

MARIO COM CHRISTIAN CRAVO,
BAHIA, 1974-1975
TIRAGEM ORIGINAL/GELATINA E PRATA
COLEÇÃO CHRISTIAN CRAVO
(FOTO: VINCENTE SAMPAIO)

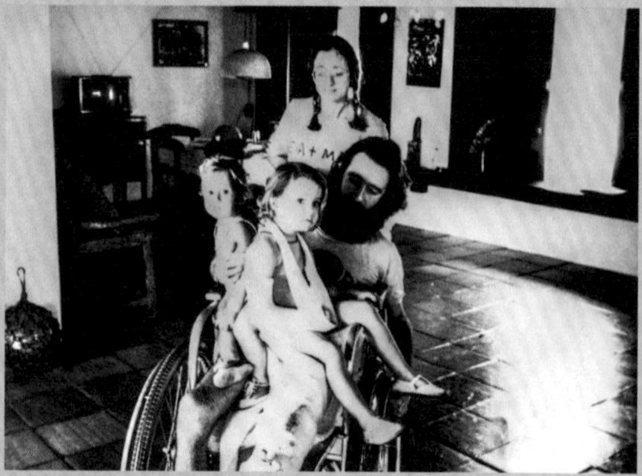

MARIO, EVA, LUA E DIANA, 1975
TIRAGEM ORIGINAL/GELATINA E PRATA
COLEÇÃO CHRISTIAN CRAVO

**1972**

Nasce a primeira filha de Eva e Mario Cravo Neto, Lua Diana, em 13 de abril.

Cravo Neto participa da mostra dedicada à escultura e ao objeto que integra a exposição Panorama de Arte Atual Brasileira, no Museu de Arte Moderna de São Paulo (MAM-SP).

**1973**

Participa da 12ª Bienal Internacional de São Paulo.

**1974**

Em 13 de agosto, nasce o segundo filho com Eva, Christian, que se tornará fotógrafo.

Em Londres, Cravo Neto participa da coletiva *Art Systems in Latin America*, no Institute of Contemporary Art.

**1975**

Sofre um acidente automobilístico, em 31 de maio, e fica com suas pernas imobilizadas por cerca de um ano, o que será decisivo no seu desenvolvimento artístico.

**1976**

Participa da Bienal Nacional de São Paulo.

No segundo semestre, realiza exposições na Alemanha e na Dinamarca, onde passa cerca de dois meses. Na ocasião, sua fotografia, cujo tema mais frequente passava a ser a família, ganha uma atmosfera mais intimista.

**1977**

Participa da 14ª Bienal Internacional de Arte de São Paulo, quando ocupa uma área de 35 m² com o projeto ambiental intitulado *Antes arte*, com vidro, poliéster e videoteipe.

**1978**

Ele e Amilcar de Castro (1920-2002) são os escultores premiados no 10º Panorama de Arte Atual Brasileira, no MAM–SP.

**1979**

Na 15ª Bienal Internacional de São Paulo, no Ibirapuera, expõe 20 fotografias em preto e branco e em cores.

**1980**

Entre setembro e outubro, é realizada a exposição *O fundo neutro e meus personagens*, na Fotogaleria Fotoptica, em São Paulo. As fotografias foram produzidas com uma Rolleiflex F — 2.8 e o fotômetro Spectra em seu estúdio na Boca do Rio, em Salvador.

**1981**

Por seu trabalho no livro *Bahia* (1980), recebe o prêmio de Melhor Fotógrafo do Ano da Associação Paulista dos Críticos de Arte de 1980.

Participa da exposição *Fotografia latino-americana, de 1860 até hoje*, no Kunsthaus, em Zurique, na Suíça, ao lado de nomes como Marc Ferrez (1843-1923), Maureen Bisilliat (1931), Anna Mariani (1935), Claudia Andujar (1931) e Cristiano Mascaro (1944).

**1982**

Em 20 de setembro, é aberta a exposição *O fundo neutro*, realizada em um lugar inusitado: um velho depósito de máquinas e soldas na Cidade Baixa, em Salvador.

**1983**

Participa da coletiva *Brésil des Brésiliens*, de 15 de junho a 19 de setembro, no Centro Georges Pompidou, em Paris, concebida e coordenada pela crítica e fotógrafa Stefania Bril (1922-1992).

Ele e Miguel Rio Branco (1946) são os fotógrafos brasileiros que participam da 17ª Bienal de São Paulo, de 14 de outubro a 18 de dezembro.

MARIO CRAVO JUNIOR, *C.* 1950
TIRAGEM ORIGINAL/GELATINA E PRATA
COLEÇÃO CHRISTIAN CRAVO
(FOTO: CHICO ALBUQUERQUE)

**1984**

Lançamento do livro *A cidade da Bahia*, com textos de Carybé, Jorge Amado e Mario Cravo Junior.

Em novembro, com curadoria de Roberto Pontual (1939-1994), participa da exposição *Corpo e alma*, na Galeria Espace Latino-Américain, em Paris, montada pela Instituto Nacional de Fotografia (Infoto) e dirigida por Pedro Vasquez (1954). É a primeira vez que o Brasil participa do Mois de la Photo, evento promovido pela prefeitura parisiense. Alair Gomes (1921-1992), Hugo Denizart (1946), Iole de Freitas (1945), José Oiticica Filho (1906-1964), Lygia Pape (1927-2004) e Vera Chaves Barcellos (1938) são os outros artistas selecionados para a mostra.

**1985**

Realiza com Miguel Rio Branco uma viagem de cerca de 15 dias pelos sertões da Bahia até o Ceará.

Em dezembro, lança o livro *Os estranhos filhos da casa*, com textos de Carybé e Gramiro de Matos (1944), dedicado à arquiteta italiana Lina Bo Bardi, grande influenciadora de uma geração de artistas, e que deixou uma marca importante na cultura baiana dos anos 1960.

**1986**

A edição da revista de fotografia francesa *Zoom* de janeiro é dedicada exclusivamente ao Brasil, com fotos de Cravo Neto e de David Drew Zingg (1923-2000), entre outros.

Em novembro, durante exposição individual do artista, é lançado na Galeria Fotoptica, em São Paulo, o livro *Ex-votos/Cravo Neto*, com textos do Gilberto Freyre (1900-1987), Mário Barata (1921-2007) e Pietro Maria Bardi (1900-1999).

**1987**

Passa a viver com a artista plástica Ângela Cunha (1954), com quem terá os filhos Lukas (1989) e Akira (1991).

**1988**

É publicado o livro *Mario Cravo Neto*, pela Idea Books Edizioni, de Veneza, com uma série de retratos produzidos em estúdio.

**1990**

Em Berlim, o Instituto Goethe e o Instituto Cultural Teuto-Brasileiro, dirigido por Maria do Carmo Vogt, organizam uma série de exposições de artistas brasileiros. Cravo Neto expõe na Galeria Springer. Também participam do projeto Antonio Dias (1944-2018) e João Câmara (1944-), entre outros.

Participa de exposições na Holanda e nos Estados Unidos.

**1991**

Com imagens capturadas diretamente da televisão, de noticiários sobre a Guerra do Golfo, entre 17 de janeiro e 27 de fevereiro, Cravo Neto monta o vídeo *GW-41 — Persian Gulf*, no qual "revive o conflito do Vietnã, a poética do terror, da indignação e do caos".

Viaja a Luanda para produzir as fotografias do livro *Angola e a expressão da sua cultura material*. Conhece o acervo do Museu Nacional de Antropologia de Angola.

Participa da primeira exposição da Coleção Pirelli/Masp de Fotografia, realizada entre 13 de junho e 11 de julho, que reuniu a produção de diversos fotógrafos, como Bob Wolfenson (1954), Claudia Andujar, Maureen Bisilliat, Otto Stupakoff (1935-2009), Sebastião Salgado (1944) e Walter Firmo (1937). Depois da mostra, as imagens seguem para a coleção institucional, que integra o acervo do Masp.

É lançado *Mario Cravo Neto*, na Ada Galeria de Arte, editado pela Áries, com um ensaio do jornalista, crítico de artes e curador Casimiro Xavier de Mendonça (1947-1992).

MARIO CRAVO NETO E BENÉ FONTELES
FOTOGRAFIA DE MARIO CRAVO COM INTERFERÊNCIA EM COR DE BENÉ FONTELES
TIRAGEM ORIGINAL/ LÁPIS DE COR SOBRE FOTOGRAFIA EM GELATINA E PRATA
COLEÇÃO CHRISTIAN CRAVO

MARIO CRAVO NETO E BENÉ FONTELES
FOTOGRAFIA DE MARIO CRAVO COM INTERFERÊNCIA EM COR DE BENÉ FONTELES, CEARÁ, 17.02.1979
TIRAGEM ORIGINAL/LÁPIS DE COR SOBRE FOTOGRAFIA EM GELATINA E PRATA
COLEÇÃO CHRISTIAN CRAVO

**1992**
A edição de agosto da revista *Iris* traz um ensaio de fotografias de Cravo Neto.

Sua primeira mostra individual em Nova York abre a temporada de exposições de outono da Witkin Gallery.

**1993**
Realiza exposições nos Estados Unidos e no Brasil.

**1994**
Durante a Feira Internacional do Livro, em Frankfurt, é lançado o livro *Mario Cravo Neto*, acompanhado por uma exposição retrospectiva de sua obra no Frankfurter Kunstverein, com curadoria e edição de Peter Weiermair (1944).

**1995**
Em 26 de janeiro, são inauguradas no Centro Cultural de Belém, em Portugal, diversas exposições em torno da arte no Brasil. A de fotografias é baseada nas coleções do Masp e de Mario Cravo Neto.

**1996**
Recebe o Prêmio Nacional de Fotografia da Funarte na categoria publicação fotográfica, por seu livro *Mario Cravo Neto*.

Em 6 de fevereiro, entrevista Pierre Verger em sua casa, em Salvador. Na ocasião, Verger produz sua última foto: uma imagem de Cravo Neto. O antropólogo falecerá cinco dias depois.

Em março, recebe pela segunda vez o prêmio de Melhor Fotógrafo do Ano da Associação Paulista dos Críticos de Arte.

**1997**
Obras de Cravo Neto passam a integrar a galeria de fotos de arte do Museu de Arte Moderna de Nova York, o MoMA. Nesse momento, ele e Sebastião Salgado são os únicos fotógrafos brasileiros representados na instituição.

**1999**
É lançado o livro *Salvador*, com prefácio de Caetano Veloso, pela editora Áries, no Museu de Arte Moderna da Bahia, em Salvador.

**2000**
Para fotografar os mais importantes coreógrafos e bailarinos do Danish Royal Ballet, Cravo Neto viajou à Dinamarca, em abril, a convite de Tove Thage, diretora do Museu de História Nacional em Frederiksborg.

Em 17 de novembro, lança o livro *Laróyè*, pela editora Áries, no Museu de Arte Moderna da Bahia.

**2001**
Participa de exposições na Itália e nos Estados Unidos.

**2002**
A primeira edição dos *Cadernos de Fotografia Brasileira* do Instituto Moreira Salles, dedicado à Guerra de Canudos e lançado em 9 de dezembro, publica fotografias produzidas na época do conflito por Flávio de Barros, além de imagens realizadas por outros fotógrafos que visitaram a região a partir da década de 1990, como Mario Cravo Neto, Cristiano Mascaro e Evandro Teixeira (1935).

**2003**
O Museu de Arte Moderna do Rio de Janeiro expõe fotografias de Cravo Neto e de Miguel Rio Branco.

Com curadoria de Ligia Canongia, é realizada no Centro Cultural Banco do Brasil, no Rio de Janeiro, a exposição individual de Cravo Neto, *Na terra sob meus pés*, com a projeção de 14 fotografias coloridas nas paredes de três salas, expandidas em até três metros, com trilha sonora, câmaras escuras e sons de atabaque, compondo uma instalação sobre a religiosidade e as formas humanas.

CHRISTIAN CRAVO
RETRATO DO SEU PAI, 1985
TIRAGEM ORIGINAL/GELATINA E PRATA
COLEÇÃO CHRISTIAN CRAVO

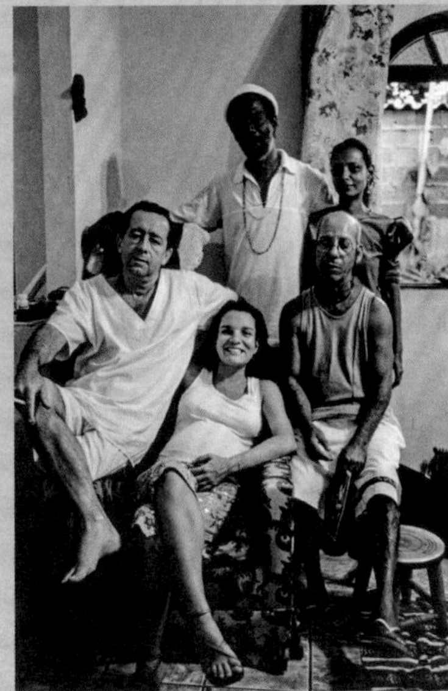

CHRISTIAN CRAVO
MARIO FAZENDO CABEÇA NO CANDOMBLÉ, BAHIA, 2003
TIRAGEM ORIGINAL/GELATINA E PRATA
COLEÇÃO CHRISTIAN CRAVO

**2004**
Em setembro, a Fundação Pierre Verger abre, no Museu Etnológico de Berlim, a exposição *Deuses negros nas Américas*, com fotografias de Verger e de Cravo Neto sobre o Candomblé na Bahia.

Apresenta as séries *Trance Territories* [Territórios em transe] e *The Eternal Now* [O eterno agora] na 6ª Bienal de Arte Contemporânea em Dacar, no Senegal.

**2005**
Recebe o prêmio de Melhor Artista Contemporâneo do Ano de 2004 da Associação Brasileira dos Críticos de Arte.

Participa da Mostra Pan-Africana de Arte Contemporânea com a instalação *Somewhere over the Rainbow – La Mer*, no Solar do Unhão, em Salvador, sob a curadoria de Solange Farkas (1955). Imagens das águas do mar são projetadas nas paredes dos 400 m² da sala principal do Museu de Arte Moderna da Bahia.

**2008**
Em comemoração aos 25 anos da Paulo Darzé Galeria de Arte, em Salvador, é realizada a exposição *A flecha em repouso*, com o lançamento do livro homônimo.

**2009**
Mario Cravo Neto falece em 9 de agosto, em consequência de um câncer de pele.

Em novembro, é inaugurada a mostra *Eternamente agora: um tributo a Mario Cravo Neto*, organizada pelo Instituto Tomie Ohtake, em São Paulo, com curadoria de Paulo Herkenhoff (1949) e Christian Cravo (1974), reunindo 50 imagens e três esculturas.

**2013**
Em julho, sob a curadoria de Diógenes Moura, é aberta a exposição *Butterflies and Zebras*, na Pinacoteca do Estado de São Paulo, com 250 fotografias inéditas realizadas por Cravo Neto entre 1969 e 1970, período em que morou em Nova York. Também são exibidas 45 imagens em preto e branco que originalmente fizeram parte da série realizada entre 1980 e 1999, *O fundo neutro e seus personagens*. É lançado também um livro homônimo, editado pela Pinacoteca.

**2015**
O Instituto Moreira Salles recebe, em regime de comodato, o acervo fotográfico de Mario Cravo Neto, com cerca de 100 mil itens, entre cromos e negativos em preto e branco e em cores, além de dois exemplares de cada publicação em que o artista veiculou suas obras e uma lista de exposições e feiras no Brasil e no exterior.

**2017**
Christian, filho de Mario Cravo Neto, cria o Instituto Mario Cravo Neto (IMCN), "com o objetivo de promover o conhecimento e a compreensão do legado do artista, incluindo a diversidade de técnicas, meios e assuntos que ele explorou ao longo da vida, assim como o propósito de promover e difundir a arte fotográfica como expressão artística e universal".

**2019**
É instituído o Prêmio de Fotografia Mario Cravo Neto, promovido pelo Instituto Mario Cravo Neto. A primeira edição ocorre durante abertura do Festival Transatlântico de Fotografia, na Casa Castro Alves, realizado entre 21 e 24 de março, com exibição de fotografias de Claudia Andujar, Marc Ferrez, Mario Cravo Neto e Miguel Rio Branco, além da coleção de retratos colorizados de Titus Riedl.

**2021**
Sob a curadoria de Luiz Camillo Osório, o Instituto Moreira Salles realiza, em São Paulo, a exposição *Mario Cravo Neto: espíritos sem nome*, fruto da parceria entre o IMS e o Instituto Mario Cravo Neto. Em seguida, a exposição segue para o IMS Rio.

**SOMEWHERE OVER THE RAINBOW**

Em 2005, a convite de Solange Farkas, Cravo Neto é convidado a participar do Mostra Pan-Africana de Arte Contemporânea, no Museu de Arte Moderna da Bahia, o Solar do Unhão. Ocupando todo o andar térreo, ele projeta imagens do mar em todas as paredes, com dois orixás discretos projetados e flutuando, liquefazendo o espaço, articulando o dentro e o fora, o Brasil e a África, o sagrado e o profano, a imagem e a música. O som que predomina é a música "Murder" cantada por John Lee Hooker, a voz e a guitarra mais dilacerantes do Blues americano. Um sobrinho de Cravo Neto mixou-a com sons do Candomblé. Lidar com o mar, mais do que tudo, era homenagear Yemanjá, Mãe das Águas, reverenciada em Salvador e símbolo da africanidade brasileira. Em 2007, a convite da galeria Brito Cimino de São Paulo, Cravo Neto faz uma adaptação do trabalho para o novo espaço, considerando-a um desdobramento da instalação anterior e dando um novo título, agora, *La Mer*.

**IMS INSTITUTO MOREIRA SALLES**

Walther Moreira Salles (1912-2001) — Fundador

**Conselho**
João Moreira Salles — Presidente
Fernando Moreira Salles — Vice-presidente
Pedro Moreira Salles — Conselheiro
Walther Moreira Salles Jr — Conselheiro

**Diretoria**
Marcelo Mattos Araujo — Diretor-geral
João Fernandes — Diretor artístico
Jânio Francisco Ferrugem Gomes — Diretor executivo

**Artes Visuais**
Heloisa Espada Rodrigues Lima (Coordenação), Marina Barzon Silva.

**Biblioteca de Fotografia**
Miguel Angel D Ajuz Del Castillo (Curadoria), Vania Aparecida de Jesus dos Santos (Supervisão), Bruna Acylina Gallo, Bruna Pacheco Marques, Danny Mathias Lins, Leonardo Vieira.

**Centro Cultural IMS Paulista e Planejamento de Programação e Eventos**
Joana Reiss Fernandes (Coordenação), Daniela Viegas Marcondes, Gabriela Caetano D'Amoreira, Raquel Monteiro Lehn Hashimoto, Roberta Costa Val (Supervisão), Celina Yamauchi, Juliano Matteo Gentile (Consultoria), Amanda Cristina Tamborim, Ana Clara da Costa, Andressa Palomo Balarin, Ariadne Moraes Silva, Beatriz Matuck, Beatriz Pereira dos Santos Magno, Carla Aparecida Carretoni Brandão da Silva, Cauê Guimarães Nascimento, Débora Garcia Ramalho Filgueiras, Elton Virginio da Costa Silva, Fabiana Martins Amorim, Flor Antonieta Avariano Hernandez, Gabriela Costa Lima, Gabriela Lima da Silva, Inácio Jordan de Lisboa Silva, Jackson Santos Pereira, Jonathan Alves da Silva Oliveira, Lilith Torres, Lívia Spósito Biancalana, Lucas Gonçalves de Souza, Luis Miguel Conteras Padron, Marcos de Almeida Messias, Maria Paula Ribeiro Bueno, Marina de Castro Novena Correa, Rafael Francisco Suffi, Raimundo Hermínio dos Santos, Robson Figueiredo da Silva, Sabrine Fernanda Karolline Ferreira, Sebastião Ribeiro da Silva, Stefanni Melanie Silva, Wilson Roberto Lopes dos Santos.

**Centro Cultural IMS Poços**
Haroldo Paes Gessoni (Coordenação), Teodoro Stein Carvalho Dias (Consultoria), Cláudia Maria Cabral, Cristiane Loiola Zanette, Gilmar Tavares, Marcelo Alexandre Faria Leme, Vivaldi Bertozzi.

**Centro Cultural IMS Rio**
Elizabeth Pessoa Teixeira (Coordenação), Lúbia Maria de Souza, Luiz Fernando da Silva Machado, Maria Azevedo Moretto, Vagner Frasão da Silva (Supervisão), Adriano Brito dos Santos, Alain Setúbal Manso, Alexsandro Almeida da Silva, Amanda Fernandes de Barcellos, Bianca Vieira Beserra, Carla de Melo Torres, Carlos Augusto Ferreira de Lima, Cícero Teixeira dos Santos, Davi Barbosa Izidro, Edmar dos Santos de Brito, Eliana Lúcia de Souza, Irinea Aparecida Pires de Brito, Jairo Soares da Silva, Lucas Souza dos Santos, Rafaela Soares de Lima, Reginaldo Pereira do Nascimento, Renata Barcellos de Paula, Robert Gomes Pinto, Rosana Inácio Carneiro Tavares, Sandra Maria de Carvalho da Silva, Tereza Cristina Maximiano Nascimento.

**Cinema**
Kleber Mendonça (Coordenação), Bárbara Alves Rangel (Supervisão), Lígia Ribeiro da Costa Gabarra, Thiago Gallego Cunha.

**Comunicação e Marketing**
Marília Scalzo (Coordenação), Bárbara Giacomet de Aguiar, Gustavo de Gouveia Basso, Marcela Antunes de Souza, Mariana Mendonça Tessitore.

**Controladoria**
Fernando Malics (Coordenação), Adriana Rosa da Silva Rufino, Arnaldo dos Santos de Almeida, Cecília Ribeiro de Carvalho, Rogério Cossero.

**Editorial**
Samuel de Vasconcelos Titan Jr. (Coordenação), Acássia Valéria Correia da Silva (Supervisão), Denise Cristina de Pádua, Flávio Cintra do Amaral.

**Educação**
Renata Bittencourt (Coordenação), Ana Luiza de Abreu Cláudio, Janis Pérez Clémen, Maria Emília Tagliari Santos (Supervisão), Anna Clara Monteiro Hokama, Beatriz Abade, Felipe José Ferraro, Isabela Magalhães Santos Brasileiro, Jhonny Medeiros Miranda, José Adilson Rodrigues dos Santos Júnior, Leandro Mizael Duarte Gonçalves, Letícia Pereira de Souza, Rafael Braga Lino dos Santos.

**Financeiro**
Antônio Carlos Mezzovilla Gonçalves (Coordenação), Fernando Garcia dos Santos de Paula, Marcos Pereira da Silva, Sergio Luiz Arantes, Silvana Aparecida dos Santos.

**Fotografia**
Sergio Burgi (Coordenação), Cassio Loredano (Consultoria), Aílton Alexandre da Silva, Alessandra Coutinho Campos, Alexandre Delarue Lopes, Andrea Câmara Tenório Wanderley, Ileana Pradilla Ceron, Joanna Barbosa Balabram, João Gabriel Reis Lemos, Josiene Dias Cunha, Mariana Newlands Silveira, Martim Passos, Pâmela de Oliveira Pereira, Rachel Rezende Miranda, Tatiana Novas de Souza Carvalho, Thaiane do Nascimento Koppe.

**Fotografia Contemporânea e Revista *Zum***
Thyago Nogueira (Coordenação), Ângelo Augusto Manjabosco, Carlos Eduardo Sampaio Franco, Daniele Queiroz, Rony Maltz.

**Gestão de Acervos**
Millard Wesley Long Schiler (Coordenação), Fabiana Costa Dias, Maria Silvia Pereira Lavieri Gomes.
Núcleo Digital
Joanna Americano Castilho (Supervisão), Anna Carolina Pereira Rocha, Carolina Filippo do Nascimento, Daniel Sias Veloso, Guilherme Gomes Guimarães, Marcele de Oliveira Gonçalves, Marcelo Hein de Andrade e Silva, Nrishinro Vallabha das Mahe, Reginaldo Carvalho da Silva Júnior, Thais Maciel Berlinsky, Wallace Amaral Primo Correa.
Nucleo de Catalogação e Indexação
Roberta Mociaro Zanatta (Supervisão), Ana Clara Ribeiro Campos Maio, Charlyne Scaldini, Vanessa Matheus Cavalcante.
Núcleo de Preservação e Conservação
Ellen Marianne Ropke Ferrando (Supervisão Obras sobre Papel), Gabriella Vieira Moyle (Supervisão Exposições), Maria Clara Ribeiro Mosciaro (Supervisão de Fotografias), Edna Kátia Gaiardoni, Guilherme Zozimo Teixeira Dias, Jéssica Maria da Silva, Luiz Henrique da Silva Soares.

**Iconografia**
Júlia Kovensky (Coordenação), Gustavo Aquino dos Reis, Jovita Santos de Mendonça, Mayra Cristina Lopes Cortês.

**Internet**
Alfredo Ribeiro (Coordenação), Anna Paula de Carvalho Ibrahim, Daniel Pellizzari, Daniela França, Fábio Montarroios, Fernanda Pereira, Laura Klemz, Laura Liuzzi, Maria Clara Villas, Nani Rubin, Sendy Lago Araújo.

**Jurídico**
Ji Hyun Kim (Coordenação), Thais Yamamoto.

**Literatura**
Rachel Valença (Coordenação), Eucanaã Ferraz (Consultoria), Bruno Cosentino, Elizama Almeida de Oliveira, Jane Leite Conceição Silva, Kátya de Sá Leitão Pires de Moraes, Manoela Purcell Daudt D'Oliveira.

**Logística, Empréstimos e Licenciamentos**
Odette Jerônimo Cabral Vieira (Coordenação), Ake Marc Albert Adje, Nadja dos Santos Silva, Vera Lúcia Ferreira da Silva Nascimento.

**Música**
Bia Campello Paes Leme (Coordenação), Miguel Angelo de Azevedo "Nirez" (Consultoria), Elias Silva Leite, Euler Picanço de Araújo Gouvea, Fernando Lyra Krieger, Isadora Cirne.

**Produção de Exposições**
Camila Goulart (Supervisão), Lívia Ferraz, Márcia Vaz, Marina Marchesan.

**Rádio Batuta**
Luiz Fernando Rezende Vianna (Coordenação), Joaquim Ferreira dos Santos (Consultoria), Filipe Di Castro, Mário Tavares.

**Recursos Humanos**
Sirlei Marinho Paulino (Coordenação), Raquel Aparecida Barbosa Santos Correa.

**Revista *serrote***
Paulo Roberto Pires (Coordenação), Guilherme Freitas.

**Tecnologia da Informação**
Eliane de Castro Lima (Coordenação), André Roberto Felipe, Maurício Adriano Oliveira dos Santos.

**Estagiáries**
Alanis Batista dos Reis Santos, Aline da Silva Alves, Beatriz Carvalho Schreiner, Carlos Eduardo Silva Marques Ferreira, Cintia Mechler de Carvalho, Danilo de Oliveira Bresciani, Gustavo Zeitel Jacoub, Laura Mie de Azevedo Nicida, Luana Rios Mauricio Oliveira, Lucas Esteves Ururahy Rodrigues, Marcia Farias de Souza, Maria Júlia Froes e Costa, Marina Rigoletto, Natállia de Carvalho Santos, Suzane Mayer Varela da Silva, Ywoollyanna Kawanna Santos Souza.

**Aprendizes**
João Carlos de Souza Brito, Késsia Ketlyn Souza de Siqueira.

## INSTITUTO MARIO CRAVO NETO

Presidente do conselho curador
Christian Cravo
Secretária executiva
Júlia Bitencourt

TRÊS CRAVOS (MARIO CRAVO NETO, MARIO DA SILVA JUNIOR E MARIO CRAVO JUNIOR), DÉCADA DE 1970
TIRAGEM ORIGINAL/GELATINA E PRATA
COLEÇÃO CHRISTIAN CRAVO

**MARIO CRAVO NETO: ESPÍRITOS SEM NOME**

EXPOSIÇÃO
Realização
Instituto Moreira Salles e Instituto Mario Cravo Neto
São Paulo, 2021; Rio de Janeiro, 2022

Curadoria
Luiz Camillo Osorio
Mariana Newlands (assistência)
Coordenador de projeto
Sergio Burgi
Projeto expográfico
Ana Paula Pontes
Georgia Gabrielle Lemes (assistência)
Programação visual
Raul Loureiro e Victor Kenji Ortenblad
Iluminação expositiva
Samuel Betts
Digitalização, tratamento de imagens e impressão digital
Núcleo Digital IMS

CATÁLOGO
Produção editorial
Núcleo Editorial IMS
Projeto gráfico
Raul Loureiro e Victor Kenji Ortenblad
Revisão de textos
Juliana Miasso e Lia Fugita
Digitalização e tratamento de imagens
Núcleo Digital IMS

Agradecimentos
Adriana Cravo, Akira Cravo, Angela Cunha, Antônio Luiz Calmon Teixeira, Bené Fontelles, Eva Christensen, Julia Bittencourt, Lua Diana Cravo, Lukas Cravo, Mario Cravo Junior (*in memoriam*), Nilvan Evangelista, Solange Farkas

---

C898e

Cravo Neto, Mario, 1947-2009.
Espíritos sem nome / Mario Cravo Neto ;
curadoria Luiz Camillo Osorio. — São Paulo : IMS, 2021.
292 p. : il. fots.

ISBN 978-65-88251-03-4

1. Cravo Neto, Mario, 1947-2009. 2. Fotografia.
3. Catálogo. I. Osorio, Luiz Camillo (curador). II. Título.

C770

---

Este catálogo foi impresso em maio de 2021, na Ipsis Gráfica e Editora, com tiragem de 1.000 exemplares, nos papéis Offset 90 g/m² e Munken Lynx Rough 120 g/m², e capa em Masterblank Linho 135 g/m². Foram utilizadas as fontes Avenir e Minion.

## ÁLBUM 4 — *SCRAPBOOK*

Em 1975, Cravo Neto começa a realização de um caderno de colagens (*scrapbook*) que vai sendo construído ao longo de alguns anos. Vemos nesta sequência magnífica de páginas anotações, comentários visuais, recortes de revistas, trabalhos de colegas, enfim, o cotidiano de um artista visual inquieto e de um fotográfico cioso do seu ofício. Esse *scrapbook*, como de praxe na poética de Cravo Neto, traz irmanados acaso e construção, improviso e precisão, com uma montagem acelerada e uma inteligência gráfica notável.

SCRAPBOOK—ÁLBUM DE RECORTES DE COLAGENS, 1976 [PP. 281-292]
ACERVO INSTITUTO MARIO CRAVO NETO

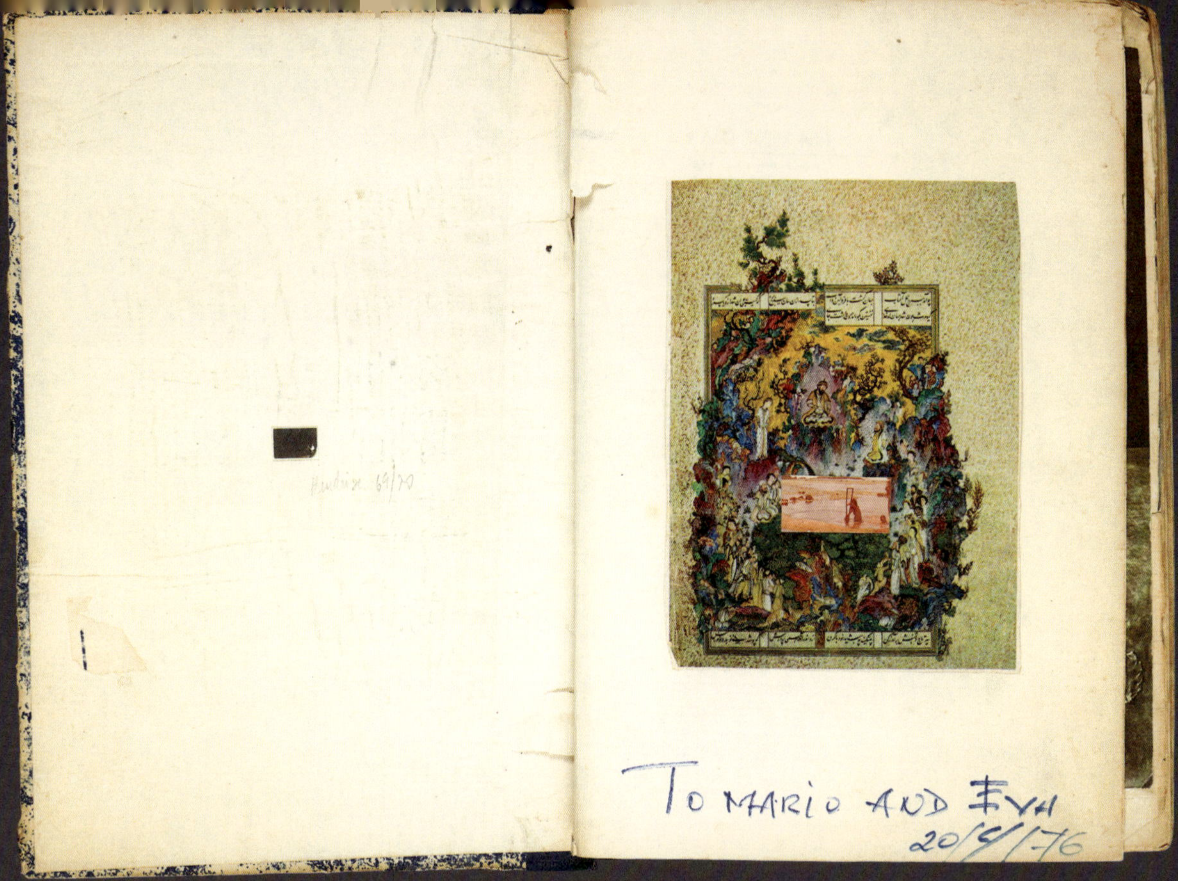
TO MARIO AND EVA
20/4/76

002

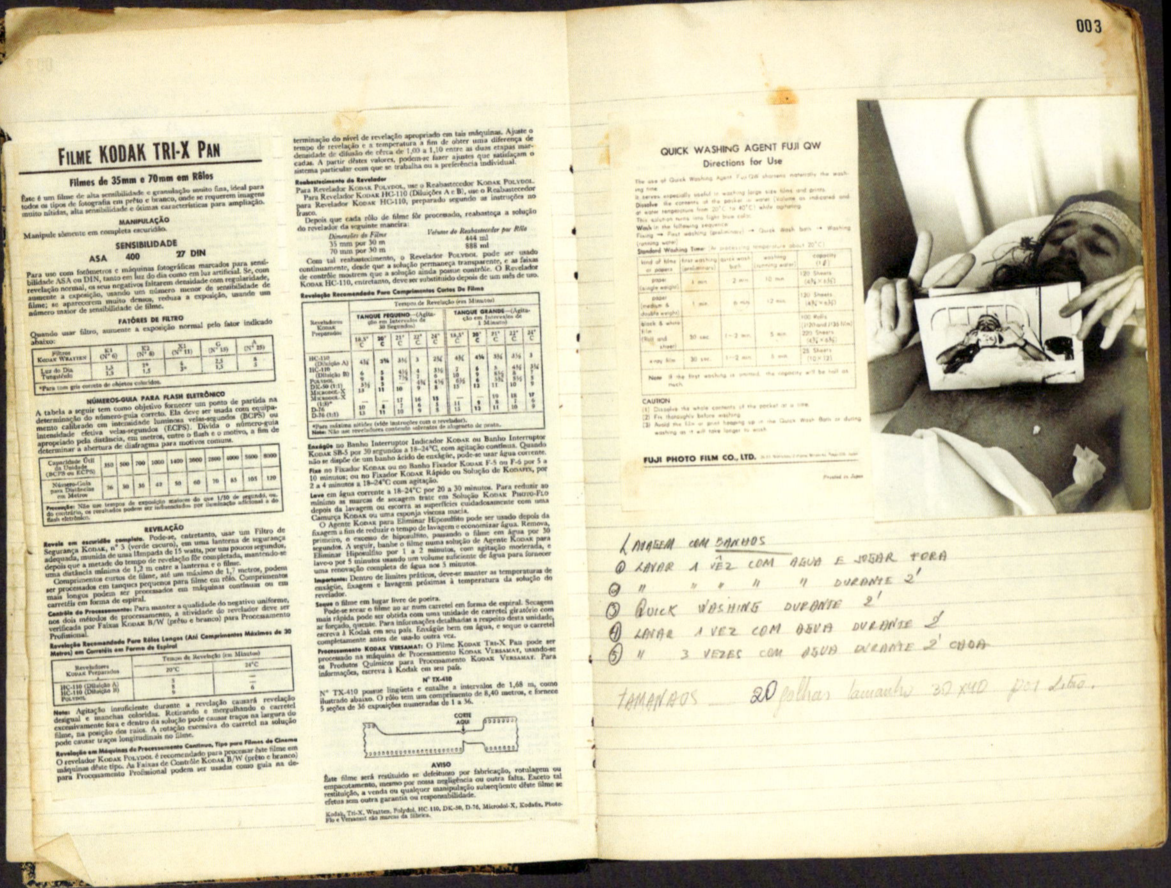
003
Filme KODAK TRI-X Pan
Filmes de 35mm e 70mm em Rôlos
MANIPULAÇÃO
SENSIBILIDADE
ASA 400 27 DIN
FATÔRES DE FILTRO
NÚMEROS-GUIA PARA FLASH ELETRÔNICO
REVELAÇÃO
AVISO
Nº TX-410
QUICK WASHING AGENT FUJI QW
Directions for Use
FUJI PHOTO FILM CO., LTD.
LAVAGEM COM BANHOS
① LAVAR 1 VÊZ COM AGUA E JOGAR FORA
② " " " " " DURANTE 2'
③ QUICK WASHING DURANTE 2'
④ LAVAR 1 VEZ COM AGUA DURANTE 2'
⑤ " 3 VEZES COM AGUA DURANTE 2' CADA
TAMANHOS ... 20 folhas tamanho 30 x 40 por litro.

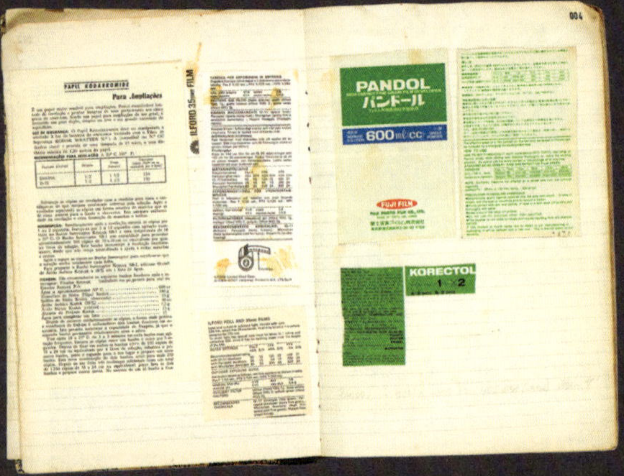
004
PANDOL
パンドール
600
FUJI FILM
KORECTOL
1 2

014

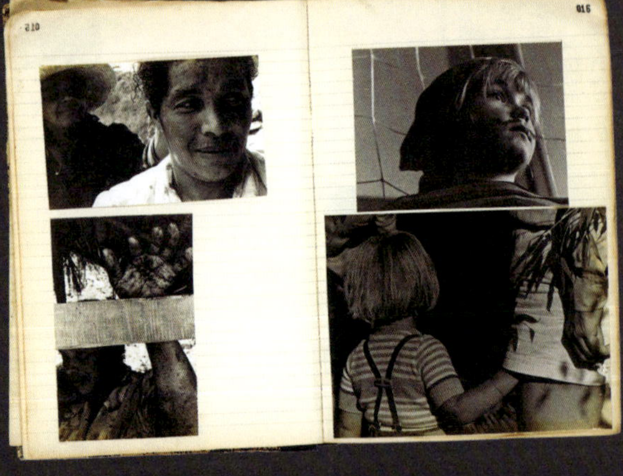
016

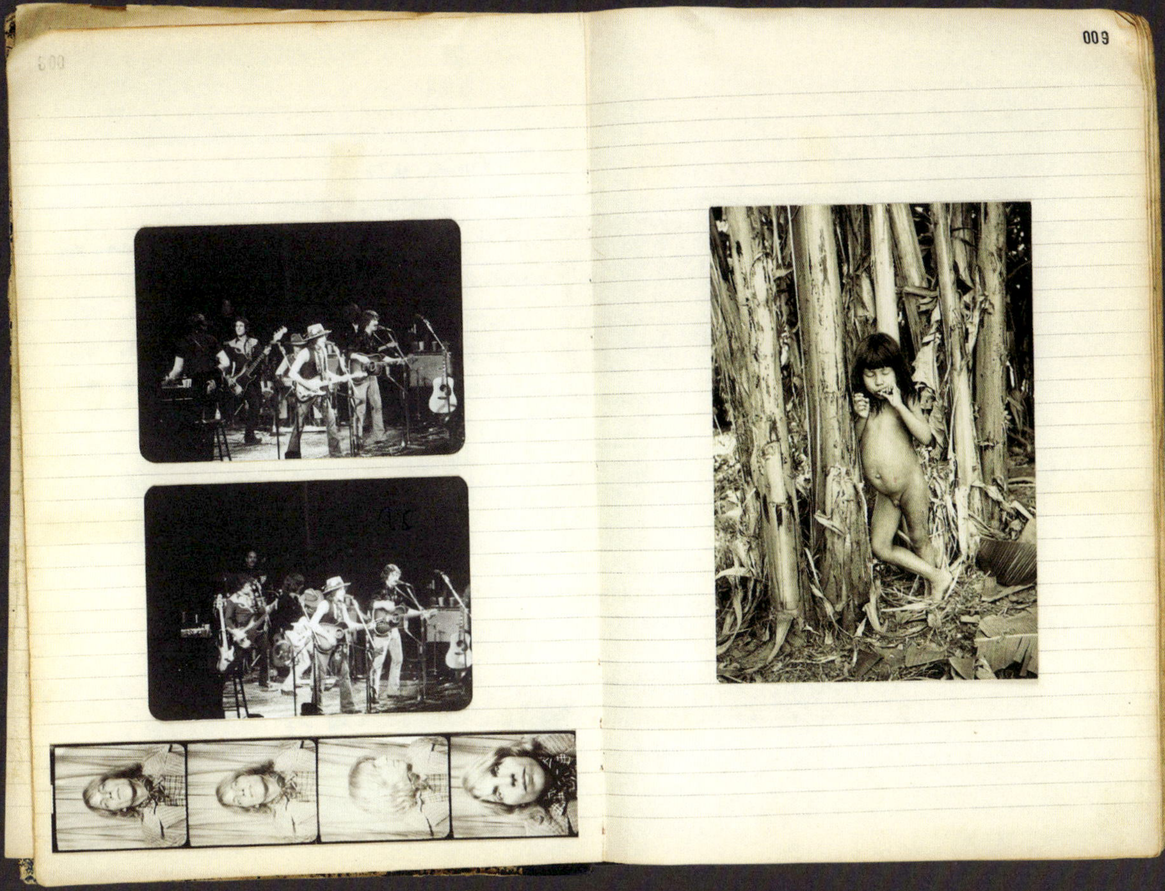
009

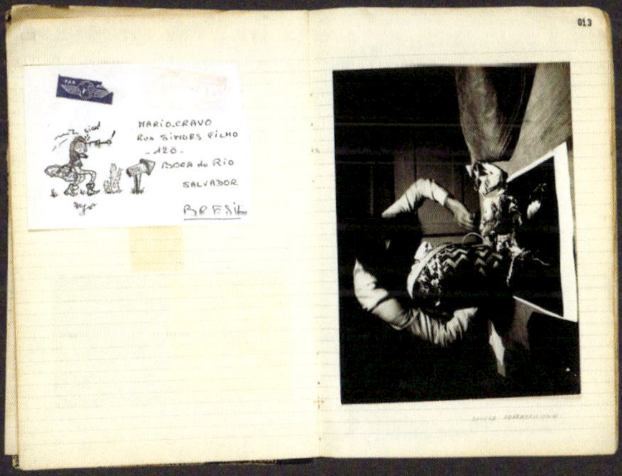
013
MARIO CRAVO
RUA SITIOS FILHO
-120-
BOCA do RIO
SALVADOR
BRASIL

017

018

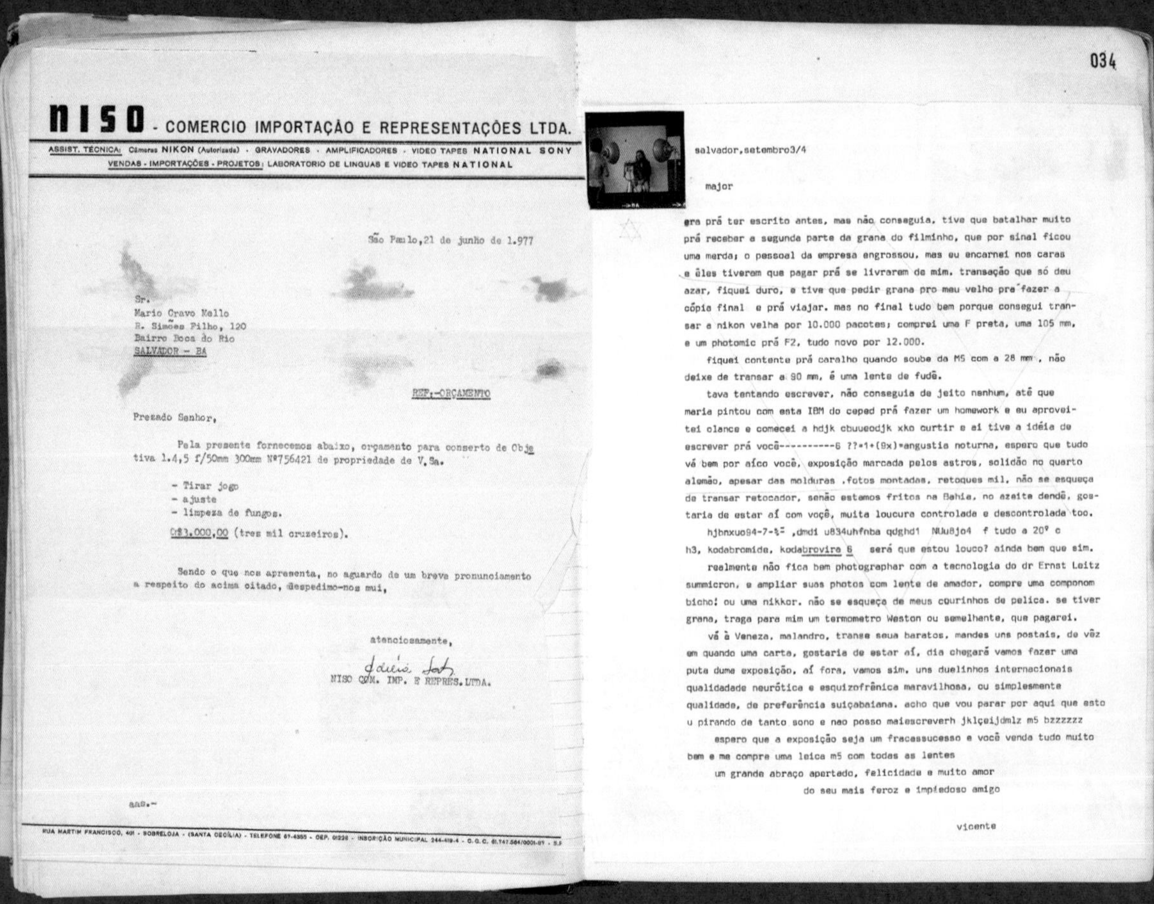

034

# NISO - COMERCIO IMPORTAÇÃO E REPRESENTAÇÕES LTDA.

ASSIST. TÉCNICA: Câmeras NIKON (Autorizada) · GRAVADORES · AMPLIFICADORES · VIDEO TAPES NATIONAL SONY
VENDAS - IMPORTAÇÕES - PROJETOS: LABORATORIO DE LINGUAS E VIDEO TAPES NATIONAL

São Paulo,21 de junho de 1.977

Sr.
Mario Cravo Mello
R. Simões Filho, 120
Bairro Boca do Rio
SALVADOR - BA

REF:-ORÇAMENTO

Prezado Senhor,

Pela presente fornecemos abaixo, orçamento para conserto de Objetiva 1.4,5 f/50mm 300mm Nº756421 de propriedade de V.Sa.

- Tirar jogo
- ajuste
- limpeza de fungos.

Cr$3.000,00 (tres mil cruzeiros).

Sendo o que nos apresenta, no aguardo de um breve pronunciamento a respeito do acima citado, despedimo-nos mui,

atenciosamente,

NISO COM. IMP. E REPRES.LTDA.

ans.-

RUA MARTIM FRANCISCO, 401 - SOBRELOJA - (SANTA CECÍLIA) - TELEFONE 67-4355 - CEP. 01226 - INSCRIÇÃO MUNICIPAL 244-419-4 - C.G.C. 61.747.564/0001-07 - S.P.

salvador,setembro3/4

major

era prá ter escrito antes, mas não conseguia, tive que batalhar muito prá receber a segunda parte da grana do filminho, que por sinal ficou uma merda; o pessoal da empresa engrossou, mas eu encarnei nos caras e êles tiveram que pagar prá se livrarem de mim. transação que só deu azar, fiquei duro, e tive que pedir grana pro meu velho pra fazer a cópia final e prá viajar. mas no final tudo bem porque consegui transar a nikon velha por 10.000 pacotes; comprei uma F preta, uma 105 mm, e um photomic prá F2, tudo novo por 12.000.

fiquei contente prá caralho quando soube da M5 com a 28 mm, não deixe de transar a 90 mm, é uma lente de fudê.

tava tentando escrever, não conseguia de jeito nenhum, até que maria pintou com esta IBM do ceped prá fazer um homework e eu aproveitei olance e comecei a hdjk cbuueodjk xko curtir e ai tive a idéia de escrever prá você----------6 ??=1+(9x)=angustia noturna, espero que tudo vá bem por aíco você, exposição marcada pelos astros, solidão no quarto alemão, apesar das molduras .fotos montadas, retoques mil, não se esqueça de transar retocador, senão estamos fritos na Bahia, no azeite dendê, gostaria de estar aí com voçê, muita loucura controlada e descontrolada too.

hjbnxuo94-7-%= ,dmdi u834uhfnba qdghd1 NUu8jo4 f tudo a 20º c h3, kodabromide, kodabrovira 6 será que estou louco? ainda bem que sim.

realmente não fica bem photographar com a tecnologia do dr Ernst Leitz summicron, e ampliar suas photos com lente de amador, compre uma componom bicho! ou uma nikkor. não se esqueça de meus courinhos de pelica. se tiver grana, traga para mim um termometro Weston ou semelhante, que pagarei.

vá à Veneza, malandro, transe seua baratos, mandes uns postais, de vêz em quando uma carta, gostaria de estar aí, dia chegará vamos fazer uma puta dume exposição, aí fora, vamos sim, uns duelinhos internacionais qualidadade neurótica e esquizofrênica maravilhosa, ou simplesmente qualidade, de preferência suiçabaiana. acho que vou parar por aqui que estou pirando de tanto sono e nao posso maiescreverh jklçeijdmlz m5 bzzzzzz

espero que a exposição seja um fracassucesso e você venda tudo muito bem e me compre uma leica m5 com todas as lentes

um grande abraço apertado, felicidade e muito amor

do seu mais feroz e impiedoso amigo

vicente

Foto de Renato Rodrigues em NY 1970 autor da escultura

Foto MCN 1970

038
מיגל ריו בראנקו
תערוכת צלומים
17 בספטמבר – 1 באוקטובר 1977
שעות הביקור:
בימי א' – ה' ושבת 21–18; 13–10
בימי ששי 13–10
גלריה איפנמה
Art Gallery IPANEMA

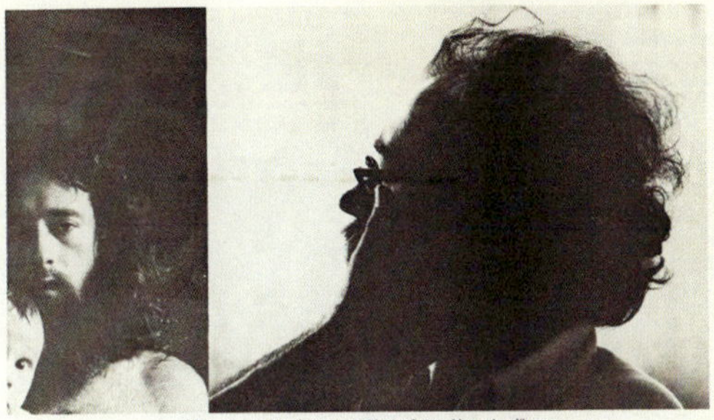

Mario Cravo der Altere und Mario Cravo Neto der Jüngere

GALERIE MODERN ART INTERNATIONAL
zeigt vom 13. September bis 9. Oktober 1976
GEMÄLDE, HANDZEICHNUNGEN
UND PROJEKTZEICHNUNGEN FÜR SKULPTUREN VON

**MARIO CRAVO UND MARIO CRAVO NETO**
verbunden mit einer
**FOTOAUSSTELLUNG**
von
**MARIO CRAVO NETO**

Beide Künstler kommen aus Salvador, BAHIA, Brasilien.

Die Ausstellung eröffnet der
BRASILIANISCHE GENERALKONSUL MARIO CALABRIA

Zur Vernissage am 13. September 1976, 20 Uhr sind Sie und Ihre Freunde herzlich eingeladen.

Der Künstler Mario Cravo Neto ist anwesend.

Geöffnet: Montag mit Freitag 15–18.30 Uhr, Donnerstag nur 20–22 Uhr.

044

Air Mail
POST OFFICE
EXPRESS
DELIVERY
50p
Marimo Cravo Neto
c.o. Brunita
Rumfordstrasse 18
8 Munchen
EXPRESS
WESTX GERMANY

047

051

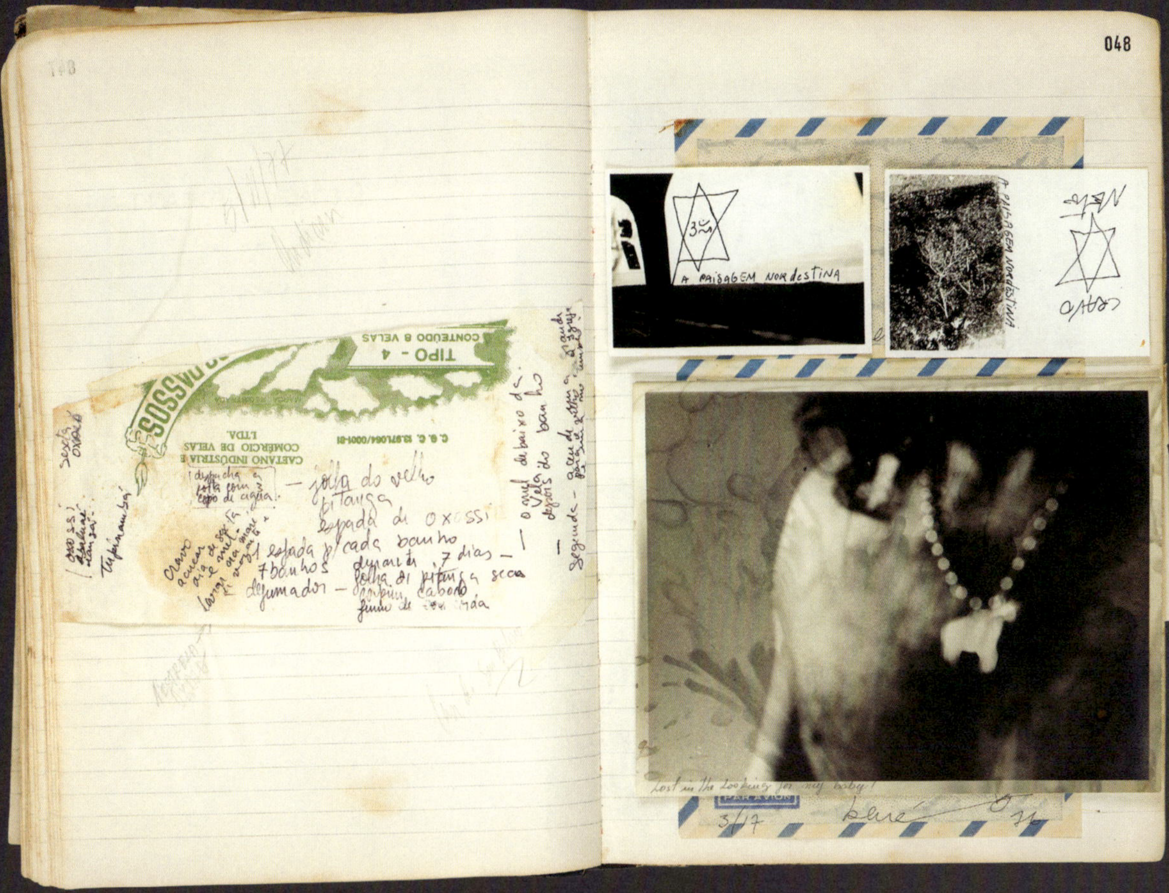
048
TIPO - 4
CONTEÚDO 8 VELAS
CAETANO INDUSTRIA E COMERCIO DE VELAS LTDA
A PAISAGEM NORDESTINA
espada di oxossi
7 banhos
defumador
PAR AVION

052

087

088

**SPECIALBLADS FORLAGET**/ Ravnsborggade 14 / 2200 København N / tlf. 01-352166 / Giro 4180623

Vi Unge
Markedsføring
Foto&Smalfilm / Kamera
God tid / Top pop

Mario Cravo Neto
c/o Jens Anker Christensen
Ravnsholtvej 24
345o Allerød

Copenhagen the 6th of january
1978

Dear Mario Cravo Neto!

Thank you for letter of lo.th of november 1977, sorry I hav'nt ~~xxxxxxxx~~ answered erlier.

Unfortunately we hav'nt been able to use your pictures in FOTO&Smalfilm, so I return them to you hereby.

Yours

Finn Nesgaard

Reg.nr. under stiftelse

109

111

1976 Denmark

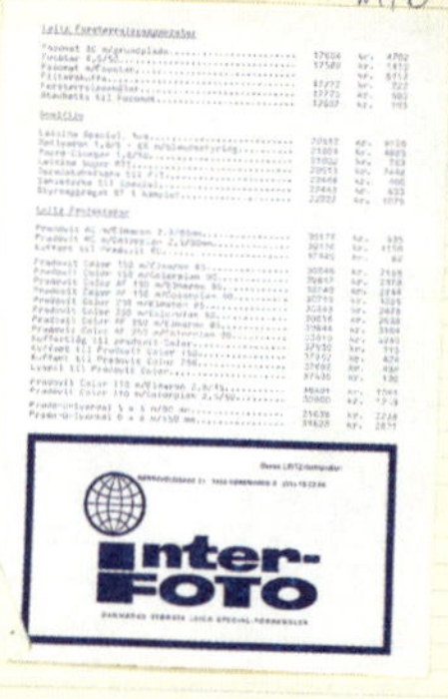

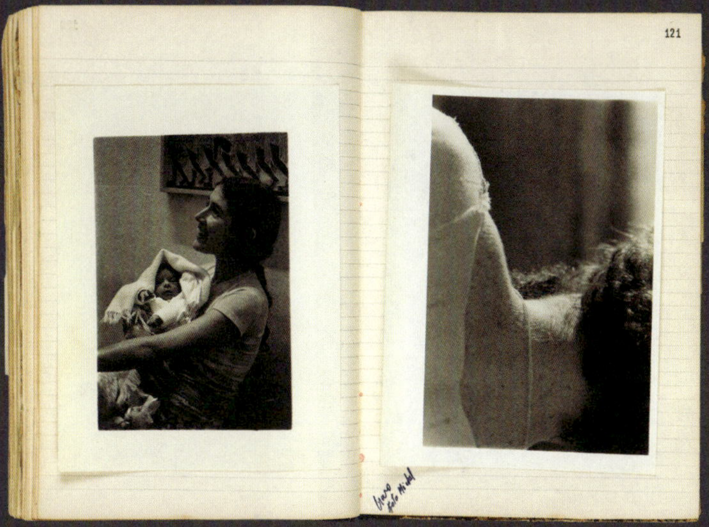
121

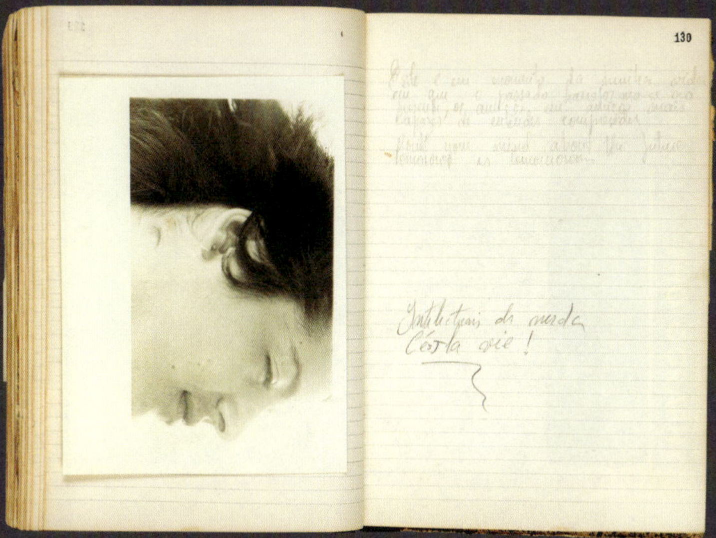
130

131
CRAVO PHOTOGRAPHY
høvelsgaard·nordbakken1·ny hammersholt·
23okt·til 7nov·kun lørd·og sønd·hillerød·dk
Kl·11—18(lørd·d·30 okt·kun 11—14)

138
NIKON destruída no acidente 1974
Nikon
Leica M5 roubada e queimada em 1977

152